Protección mágica

Aprovechar el Poder de la Magia de Protección, Arcángeles, Ángeles, Sigilos Angélicos, Rituales Mágicos, Hechizos para la Autodefensa Psíquica, y una Guía de Magia Enochiana

© Copyright 2024

Todos los derechos reservados. Ninguna parte de este libro puede ser reproducida de ninguna forma sin el permiso escrito del autor. Los revisores pueden citar breves pasajes en las reseñas.

Descargo de responsabilidad: Ninguna parte de esta publicación puede ser reproducida o transmitida de ninguna forma o por ningún medio, mecánico o electrónico, incluyendo fotocopias o grabaciones, o por ningún sistema de almacenamiento y recuperación de información, o transmitida por correo electrónico sin permiso escrito del editor.

Si bien se ha hecho todo lo posible por verificar la información proporcionada en esta publicación, ni el autor ni el editor asumen responsabilidad alguna por los errores, omisiones o interpretaciones contrarias al tema aquí tratado.

Este libro es solo para fines de entretenimiento. Las opiniones expresadas son únicamente las del autor y no deben tomarse como instrucciones u órdenes de expertos. El lector es responsable de sus propias acciones.

La adhesión a todas las leyes y regulaciones aplicables, incluyendo las leyes internacionales, federales, estatales y locales que rigen la concesión de licencias profesionales, las prácticas comerciales, la publicidad y todos los demás aspectos de la realización de negocios en los EE. UU., Canadá, Reino Unido o cualquier otra jurisdicción es responsabilidad exclusiva del comprador o del lector.

Ni el autor ni el editor asumen responsabilidad alguna en nombre del comprador o lector de estos materiales. Cualquier desaire percibido de cualquier individuo u organización es puramente involuntario.

Su regalo gratuito

¡Gracias por descargar este libro! Si desea aprender más acerca de varios temas de espiritualidad, entonces únase a la comunidad de Mari Silva y obtenga el MP3 de meditación guiada para despertar su tercer ojo. Este MP3 de meditación guiada está diseñado para abrir y fortalecer el tercer ojo para que pueda experimentar un estado superior de conciencia.

https://livetolearn.lpages.co/mari-silva-third-eye-meditation-mp3-spanish/

¡O escanee el código QR!

Índice

PRIMERA PARTE: MAGIA DE PROTECCIÓN 1
  INTRODUCCIÓN 2
  CAPÍTULO 1: FUNDAMENTOS DE LA MAGIA DE PROTECCIÓN 4
  CAPÍTULO 2: COMPRENDER LOS RITUALES MÁGICOS 15
  CAPÍTULO 3: TIERRA: DESCUBRA SU PODER 23
  CAPÍTULO 4: AIRE: ABRACE SU CONOCIMIENTO 32
  CAPÍTULO 5: EL AGUA: ESTABLEZCA SUS LÍMITES 41
  CAPÍTULO 6: CONVIÉRTASE EN UN PILAR DE FUERZA 50
  CAPÍTULO 7: MANTENERSE A SALVO EN EL PLANO ASTRAL 59
  CAPÍTULO 8: CÓMO PUEDEN PROTEGERLE LOS GRIMORIOS 69
  CAPÍTULO 9: PROTECCIÓN ANGÉLICA 79
  CAPÍTULO 10: MAGIA PLANETARIA PARA LA PROTECCIÓN 88
  CONCLUSIÓN 100
SEGUNDA PARTE: MAGIA ENOQUIANA 101
  INTRODUCCIÓN 102
  CAPÍTULO 1: LA MAGIA ENOQUIANA Y LAS PUERTAS DE LA SABIDURÍA 104
  CAPÍTULO 2: JOHN DEE – ¿MÍSTICO ISABELINO O ERUDITO? 113
  CAPÍTULO 3: DESCUBRIENDO LOS SECRETOS DEL LIBRO DE ENOC 120
  CAPÍTULO 4: NEFILIM – LOS ÁNGELES CAÍDOS 126
  CAPÍTULO 5: CONVERSANDO CON ARCÁNGELES 134
  CAPÍTULO 6: CÁBALA 101 144

CAPÍTULO 7: MAGIA(K) ENOQUIANA CEREMONIAL............................152
CAPÍTULO 8: LA HEPTARQUÍA MÍSTICA — SELLOS ANGÉLICOS
Y HERRAMIENTAS MÁGICAS..157
CAPÍTULO 9: LIBER LOAGAETH...169
CAPÍTULO 10: LAS INVOCACIONES ENOQUIANAS Y EL
ALFABETO SAGRADO..177
CAPÍTULO 11: LAS PARTES DE LA TIERRA Y LOS 30 AETHYRS..........190
CONCLUSIÓN 211
VEA MÁS LIBROS ESCRITOS POR MARI SILVA 213
SU REGALO GRATUITO 214
REFERENCIAS..215

Primera Parte: Magia de protección

La guía definitiva para usar rituales mágicos, hechizos y protección angélical para la autodefensa psíquica

Introducción

Usted protege su casa contratando un seguro y realizando un mantenimiento rutinario, ¿verdad? Del mismo modo, se protege contra las inclemencias del tiempo usando ropa adecuada o protección solar, y protege su coche con un mantenimiento y servicios regulares.

Entonces, ¿cómo se protege a *usted mismo* en su vida cotidiana? No importa qué aspecto de su vida considere. Usted hace cosas para protegerla y para protegerse a sí mismo. Entonces, ¿por qué no iba a querer protegerse cuando realice trabajos de magia?

Mantenerse a salvo es primordial cuando se lleva a cabo la magia. Está tratando con fuerzas y energías que no se rigen por las reglas terrenales, por lo que necesita saber exactamente cómo mantener el peligro a raya y estar a salvo en los reinos espirituales. Olvide lo que ha visto en la televisión y en las películas sobre la magia, las brujas, los seres sobrenaturales y todo lo relacionado con la "brujería". En su lugar, aprenda lo que significa estar conectado con la naturaleza y las fuerzas que controlan nuestras vidas. Deje de vivir una vida mundana en las sombras y permita que los elementos y los planetas compartan sus energías con usted.

La vida es dura, y recibir ayuda de las fuerzas espirituales que le rodean le ayudará a vivir una existencia más satisfactoria. Magia, brujería, fuerzas sobrenaturales, llámelo como quiera. Existe, y está esperando que se conecte con ella. Si ya es un practicante del arte, entonces sabrá la importancia de la protección.

Tanto si este es su primer paso en el mundo de la magia como si lleva tiempo haciéndolo, la información de este libro le mantendrá seguro y conectado a las fuerzas positivas.

En la sociedad actual, ser una bruja o realizar magia significa mucho más. Usted no es alguien a quien temer o a quien evitar. Es un seguidor de algunas de las tradiciones y prácticas más antiguas de la tierra. Forma parte de un ejército creciente de individuos que buscan medidas para salvar nuestro planeta cuando la contaminación y las crisis medioambientales amenazan con arruinarlo. Unamos nuestras fuerzas y acojamos todas las ofertas de apoyo.

Capítulo 1: Fundamentos de la magia de protección

Cuando realiza trabajos de magia u otros tipos de hechizos, se está abriendo a las energías negativas y a las invasiones psíquicas de otras personas. Estos tipos de ataques pueden ir desde lo ligeramente irritante hasta lo directamente peligroso. Debe protegerse a usted mismo, a su hogar e incluso a sus hijos. Después de todo, si los protege del "mundo natural", ¿no tendría sentido protegerlos también del "mundo sobrenatural"?

Sabemos lo importante que es tener protección cuando se está expuesto a los elementos, así que considere el trabajo de magia como otro elemento natural que requiere que usted forme un escudo contra sus cualidades más negativas. Piense en ello como un protector solar para el alma. No impide que todo pase, solo los rayos nocivos que pueden dañarle.

La magia de protección es una de las formas más antiguas de magia, que se remonta al principio de la humanidad. Todas las culturas han tenido alguna forma de rituales y amuletos de protección, algunos de los cuales siguen formando parte de nuestra vida cotidiana. ¿Alguna vez ha roto un espejo y ha pensado: "Oh no, siete años de mala suerte", o se ha persignado al ver un gato negro? ¿coloca una pizca de sal derramada sobre el hombro izquierdo si se le ha caído? Todas estas costumbres tienen orígenes muy arraigados que se relacionan con la magia de protección.

Hay diferentes categorías de protección, y algunas son defensivas mientras que otras adoptan un papel más activo para neutralizar cualquier amenaza o perpetrador. La mayoría de las brujas no creen en formas agresivas de protección que impliquen dañar a otros seres, ya que siguen el adagio de "no dañar a nadie" cuando realizan su arte.

Categorías de la magia protectora

La magia preventiva implica el uso de rituales y objetos para fomentar la buena suerte y la fortuna del practicante. Este tipo de prevención es el núcleo de la práctica mágica.

La magia de purificación implica el uso de la limpieza para eliminar las energías dañinas o estancadas. Los lavados y baños pueden eliminar el daño, mientras que la quema de plantas sagradas crea un humo purificador para desechar la negatividad. Los aceites sagrados también pueden ungir objetos con propiedades protectoras.

La protección es un tipo de sistema de alarma que le avisa cuando una fuerza negativa afecta a su vida. Colgar cristales, herraduras y palos de canela en las entradas de su casa le ayudará a mantenerla limpia. Las campanas de viento son una forma de protección atractiva para mantener su casa libre de elementos desfavorables.

Los límites forman parte de toda relación sana. Cuando conoce sus límites, puede permitirse ser más abierto y acogedor. Establecer límites físicos y etéreos ayuda a mantener su ser mágico y espiritual a salvo y totalmente protegido.

Pedir a las deidades significa ofrecer objetos y peticiones a ciertas entidades espirituales a cambio de su ayuda. Construya un área para hacer sus ofrendas en forma de altar u otro punto focal para establecer sus intenciones. Colocar materia orgánica en su altar crea un contrato espiritual que puede mejorar con ofrendas y rituales regulares.

Las operaciones ofensivas, incluidos los maleficios y las maldiciones, son agresivas y tabú para la mayoría de los practicantes. En su lugar, pruebe un hechizo deflector o una maniobra de devolución al remitente para desviar la negatividad hacia su origen en lugar de crear su propia energía negativa. La botella de bruja descrita a continuación es una forma perfecta de devolver el daño a la fuente original cuando el remitente es desconocido.

Los hechizos de atar y desterrar se utilizan para restringir el efecto que la magia tiene sobre la víctima. Los actos físicos que representan la magia empática, como atar una cuerda o martillar un clavo, representan las acciones de protección que pueden mantenerlo a usted y a los demás a salvo. Los rituales de destierro se utilizan para eliminar la negatividad y hacer espacio para las energías positivas. Los practicantes solo deben realizarlos cuando estén más fuertes, tanto física como mentalmente.

Blindaje

La visualización se utiliza para crear un escudo de defensa para alejar los elementos dañinos. Es quizá la forma más sencilla de protección, pero también una de las más eficaces. Cree una burbuja a su alrededor respirando profundamente, cerrando los ojos e imaginando un gel espeso y cristalizado que le rodea en forma de huevo. Esta burbuja permitirá que la luz y la energía positiva fluyan durante un tiempo, manteniéndole a salvo de las energías psíquicas y mentales negativas.

Practique la conexión a tierra y céntrese en la creación de burbujas más realistas. Los ejercicios de respiración le ayudarán, así que pruebe estos sencillos ejercicios que le facilitarán sentirse conectado a la tierra:

1. La respiración abdominal también se conoce como respiración diafragmática, y le ayudará a utilizar toda su capacidad pulmonar. Comience por sentarse en una posición cómoda y cerrar los ojos. Coloque una mano sobre el diafragma y respire profundamente. Sentirá que su estómago se expande y se eleva. Repita la operación hasta que sienta que el pecho y las costillas hacen lo mismo. Repita este proceso veinte veces.

2. La respiración pausada consiste en reconocer el cambio natural de inhalación a exhalación. Cuando reconozca la pausa, prolónguela y aproveche el tiempo para sentirse más enraizado y centrado.

3. Respire con el ohm y siéntase conectado a la tierra. Comience con la respiración abdominal, pero piense en el ohm mientras inhala y exhala. Repita este proceso veinte veces.

4. Respire con el cuerpo y la mente. ¿Sabía que el aire inhalado por la fosa nasal derecha activa el lado izquierdo del cerebro, y el aire de la fosa nasal izquierda estimula el lado derecho? Dele a su cerebro una inyección de energía respirando profundamente por la fosa nasal derecha mientras bloquea la fosa nasal izquierda durante diez respiraciones, y luego cambie de lado durante otras diez respiraciones.

Mejore sus ejercicios de respiración mediante una actividad física. Póngase de pie con los pies ligeramente separados y los dedos de los pies apuntando directamente hacia delante mientras sus brazos están relajados con las palmas abiertas. Alinee la cabeza y los hombros con la columna vertebral hasta que se sienta completamente relajado. Al inhalar, levante los brazos por encima de la cabeza y junte las manos mientras levanta los talones del suelo. Al exhalar, baje los talones y los brazos hasta que estén en su posición original. Visualice la energía a medida que fluye por su cuerpo y le vigoriza tanto física como mentalmente.

Meditación

Como parte de su rutina normal, debería meditar cada día para ayudar a limpiar y revitalizar su mente y su espíritu. No saldría de casa sin lavarse las manos, la cara o el cuerpo, así que ¿por qué iba a empezar el día con un aura sucia? La meditación no debería ser algo que temer, y la forma más básica podría ser una de las prácticas más saludables que pruebe. Todos necesitamos protección contra el mundo, y la meditación le arma con las herramientas más eficaces. Puede tener una mente pura y limpia con un muro espiritual natural que le proteja incluso de las energías más dañinas.

La meditación le ayuda a limpiar los viejos recuerdos y los restos negativos de su pasado para que pueda enfrentarse al mundo con la mente limpia. Seguir adelante y liberarse del pasado puede ser difícil, y la meditación le da la fuerza para profundizar en sus bóvedas mentales y físicas y limpiarse. Al deshacerse de su basura mental, reduce su vulnerabilidad a los ataques espirituales.

Técnica sencilla de meditación

Para empezar, tenga en cuenta que la meditación no consiste en pensar. Se trata de permitir que los pensamientos vengan a usted. Es una técnica para ralentizar sus pensamientos y permitirle llegar a su conciencia interior. Debería notar que se desliza hacia un estado más profundo del ser. Al final alcanzará un trance meditativo pacífico en el que el mundo simplemente existe y está libre de todas las conexiones mentales.

1. Elija un lugar tranquilo y fresco para realizar su meditación. Siéntese erguido contra una pared y cruce las piernas. Puede escuchar música relajante, pero la mayoría de los principiantes consideran que el silencio total es más útil para su éxito.

2. Empiece por la parte superior de su cuerpo y dígale a todas sus partes relevantes que se relajen. Comience por la cabeza y baje hasta los dedos de los pies.

3. Escuche su respiración. No modifique sus patrones naturales de respiración. Solo preste atención a ellos. Sienta cómo entra y sale el aire y cómo el resto de su cuerpo se ve afectado por el proceso. Escuche el ruido que hace al respirar. ¿Hace mucho ruido o respira en silencio?

4. Concéntrese en su respiración hasta que se sienta relajado y en paz. Ahora sus pensamientos deberían empezar a entrar en su mente por su propia voluntad. No está pensando en ellos, sino que aparecen porque se encuentra en un estado que le permite recibirlos. La mente es una máquina maravillosa, y decidirá lo que necesita ver y lo que necesita dejar ir. Reconozca su presencia y luego decida qué hacer con ellos

5. Siga repitiendo el paso 4 hasta que sienta que ha completado la meditación de ese día. Cada meditación será diferente y tendrá distintos resultados. Puede que experimente una sensación de trance o que simplemente se sienta extremadamente relajado. Acepte que este es el proceso, y pronto sentirá los beneficios. Recuerde que su mente no va a retener información, pero su conciencia sí. Está tratando de protegerlo de su negatividad interior mientras su mente se da cuenta de que necesita dejarla ir. La meditación permite que su conciencia se sienta segura y forme parte del proceso.

Botella o bolsa de bruja

Si prefiere que su protección sea más tangible, entonces un frasco o bolsa de bruja puede satisfacer sus necesidades.

Tome un frasco pequeño con tapa, un tarro de conserva que funcione bien, y coloque algunos objetos afilados y oxidados en él. Los alfileres, las agujas y los clavos funcionan bien, pero cualquier cosa vieja, afilada y que haya pasado su mejor momento servirá. Llene el tarro hasta la mitad y añada líquido. Si desea una protección realmente fuerte, puede orinar en el frasco para personalizar realmente su botella de bruja o, si eso es demasiado asqueroso para usted, utilice agua salada en su lugar. La sal marina funciona mejor, pero puede utilizar sal de mesa yodada. Selle el frasco con cera, la roja o la negra son las más eficaces para repeler la negatividad, y luego elija un lugar para enterrarlo, cuanto más lejos de su casa, mejor. Excave 15 centímetros de profundidad y coloque el tarro en la tierra. Tápelo y vuelva a su casa.

La bolsa de bruja es un concepto similar, pero está diseñada para llevarla encima, así que ni se le ocurra orinar en ella. Tome una pequeña bolsa o funda de tela y llénela con artículos positivos como cristales o piedras para atraer energías positivas. La piedra caliza y el ámbar dan suerte y si tiene acceso a un pequeño fósil, colóquelo también en la bolsa. Añada algunas hierbas secas como el romero, la angélica o el sándalo, y rocíe la bolsa con aceite de clavo para mayor protección. Lleve la bolsa alrededor del cuello o guárdela en el bolsillo para protegerla espiritualmente.

Vigilancia para proteger su casa

Los delimitadores al rededor de su casa le ayudarán a mantenerla espiritualmente limpia y libre de daños. Puede personalizar sus límites con mensajes e instrucciones personales. Escriba mensajes en algunas estacas de hierro (disponibles en las ferreterías) o en estacas de ferrocarril. "Este es mi hogar, y cualquiera que intente invadirlo sufrirá" o simplemente "No se acerque si quiere hacerme daño". ambos funcionan, pero debe divertirse con su personalización.

Utilice runas o sigilos para decorar sus estacas y hacerlas más fuertes una vez que haya completado su mensaje. Coloque las estacas alrededor del perímetro de su casa. Ahora ha creado el límite espiritual perfecto y ha hecho que su hogar sea seguro y esté protegido.

Refuerce sus fronteras utilizando polvo de cáscara de huevo para formar una línea protectora en la entrada de su casa. El polvo de cáscara de huevo ha sido utilizado durante generaciones por las personas que practican el hoodoo y la santería, y se conoce tradicionalmente como polvo de cascarilla. Puede elaborarlo recogiendo cáscaras de huevo, utilizando las de su cocina, o recogiéndolas de la naturaleza. Después de limpiarlas, póngalas en el horno a baja temperatura durante unos 20 minutos a unos 300 grados. No se deben quemar, sino que queden secas y quebradizas.

Triture las cáscaras en un molinillo de café o con un mortero antiguo para hacer el polvo. Esparza el polvo donde sea necesario, o utilice un poco de tiza para escribir sus intenciones para una variante divertida. Mezcle tres partes de polvo de conchas con una parte de harina y una parte de agua caliente. Tendrá una pasta espesa y pegajosa a la que podrá dar forma de palitos con la mano y envolverla en papel de cocina durante un par de días para que se seque bien.

Proteja a sus hijos

Puede utilizar objetos básicos para mantener a sus hijos a salvo de la misma manera que protege su casa. Convierta sus juguetes cotidianos en talismanes protectores espolvoreando aceites benditos o lavanda seca en el relleno de su osito de peluche. Los niños quedarán encantados si impregna un juguete con un canto protector. Cuando los acueste con su querido oso de juguete, considere una frase simple pero efectiva como "la magia de este oso de peluche mantendrá las cosas malas fuera de aquí".

Haga una dulce almohada de sueños llenándola de lavanda y tomillo y adornándola con las imágenes favoritas de su hijo. Personalice la almohada para su hijo colocando mariposas y adornos de colores, y luego escriba un mantra nocturno que sea solo suyo. "El sueño llegará con esta almohada, y mis dulces sueños alzarán el vuelo".

Herramientas mágicas

La magia ritual formal requiere herramientas, y estas pueden ser físicamente prácticas o simbólicas. No hay reglas estrictas en cuanto a las herramientas que se necesitan. Los elementos que se enumeran a continuación no son en absoluto exhaustivos. Sin embargo, le darán una idea de lo que la mayoría de los practicantes tienen en su arsenal de magia.

Puede usar artículos del hogar, pero la mayoría de los practicantes le dirán que los mejores resultados provienen de herramientas usadas exclusivamente para su trabajo mágico. Un cuchillo que corta las verduras en la cocina puede ser utilizado en los rituales, pero necesita ser purificado. Mantener sus herramientas mágicas únicamente para rituales y hechizos ahorra tiempo y las dota de instrucciones especiales. Guarde todas sus herramientas envueltas en telas naturales y en un espacio sagrado para obtener los mejores resultados.

Algunos practicantes cuentan historias oscuras sobre la necesidad de destruir las herramientas cuando su dueño fallece. Esto es solo un mito urbano, y algunas de las herramientas más poderosas se han transmitido a través de generaciones.

El athame

El athame es un cuchillo ceremonial que tradicionalmente tiene una hoja de doble filo de color plateado con un mango negro y representa el elemento aire. Debe colocarse en el sector oriental de su altar para atraer energías positivas. En los rituales, se utiliza para dibujar un signo de pentagrama en el aire y dirigir el poder al destinatario. El athame puede descargar el exceso de energía en el suelo una vez finalizado el ritual.

Brenda Clarke, CC BY 2.0 <https://creativecommons.org/licenses/by/2.0>, via Wikimedia Commons https://commons.wikimedia.org/wiki/File:Knife_1_(3467360454).jpg

La campana

La campana es una pieza decorativa que no debe utilizarse en exceso para su magia. Debe mantenerse en el norte de su altar, ya que representa el elemento tierra. Se toca nueve veces al principio y al final de los rituales y está hecha de cristal o de latón. El número nueve es un número mágico que denota finalización y perfección.

El caldero

En los rituales menos formales, un caldero de metal puede servir para sustituir a su altar, y si es resistente al fuego, también puede utilizarse para preparar pociones y hervir hierbas en el exterior para una ocasión especial. Un caldero no es algo que todos los practicantes posean, pero es un artículo práctico que aporta el sentido de la vida doméstica al mundo de la magia. Puede llenarlo con flores o hierbas aromáticas cuando no lo use. El caldero simboliza el quinto elemento del espíritu.

Malcolm Lidbury (aka Pinkpasty), CC BY-SA 3.0 <https://creativecommons.org/licenses/by-sa/3.0>, via Wikimedia Commons
https://commons.wikimedia.org/wiki/File:Cauldron_Witchcraft_tools.jpg

El cáliz

Este instrumento es una copa ritual que puede fabricar con el material que quiera. A algunas personas les gustan los metales más ornamentados, como la plata o el estaño, mientras que otras prefieren el cristal o el acero inoxidable. El cáliz, que representa el elemento agua, debe colocarse en la región occidental del altar.

https://pxhere.com/en/photo/843508

El cáliz es un aspecto importante de los rituales de la torta y la cerveza, y se produce después de varios rituales formales. El líquido del cáliz representa la sangre de la tierra, y los pasteles que acompañan a la bebida representan el cuerpo de la tierra, al igual que en la ceremonia de la iglesia. El líquido utilizado varía según el grupo y puede ser vino, jugo de frutas o agua bendita.

La varita

Esta varita simboliza el elemento fuego y debe colocarse al sur del altar. Las varitas son una elección personal y tradicionalmente deben medir unos 50 centímetros o 21 pulgadas. Deben estar hechas de madera cortada de un árbol vivo y deben ser estrechas en un punto y frotadas suavemente para una herramienta estética y segura.

La varita también se puede utilizar como el athame para crear efectos visuales y dirigir la energía en varios ritos como el amor y la prosperidad. Funciona bien para lanzar y deshacer círculos y dirigir las energías curativas a quienes las necesiten.

Los símbolos del pentagrama

Empecemos por disipar el mito común de que los pentagramas son símbolos de demonios y magia negra. Eso no es más que folclore de Hollywood, y es absolutamente falso. Durante siglos, los wiccanos y otras comunidades mágicas han utilizado el pentagrama. Es una estrella de cinco puntas, y sus puntas representan el agua, el fuego, la tierra, el aire y el espíritu.

La historia ha demostrado la importancia del pentagrama ya en la época de la antigua Babilonia, cuando se utilizaba como amuleto de la suerte para alejar a los espíritus malignos. Está fuertemente asociado con un ritual conocido como el ritual menor de destierro del pentagrama (RMDP o por sus siglas en ingles LBRP) y se ha convertido en el símbolo de protección más reconocido en la magia moderna. Desterrar es un término intimidante, pero simplemente significa limpiar su aura de elementos dañinos. Considere lo que está haciendo cuando saca la basura. Simplemente la está desterrando a la salida.

https://pixabay.com/sv/vectors/pentagram-svart-magi-pagan-symbol-152115/

Cuando tenga el poder del pentagrama al alcance de su mano, se sentirá elevado, energizado y sentirá el verdadero poder de su protección.

Capítulo 2: Comprender los rituales mágicos

¿Cómo es su estado de ánimo en este momento? Dicho de otro modo, ¿cómo se encuentra físicamente en este momento? ¿Le resultó más fácil responder a la segunda pregunta? ¿Por qué no cuidamos tanto nuestra salud mental como la física? Necesita tener una psique sana para hacer magia. Al igual que necesita un cuerpo sano para realizar tareas físicas, debe tener una mentalidad equilibrada para conseguir los mejores resultados posibles.

¿Por qué otras personas lo atacan mental o emocionalmente? En un mundo perfecto, no habría ataques psíquicos, y todos tendríamos una mente descansada y pacífica y seríamos capaces de realizar rituales y hechizos con facilidad. Sin embargo, este no es un mundo perfecto, y en algún momento, usted será víctima de un ataque psíquico.

Podría ser una persona de su círculo social que le tiene envidia y está proyectando energía negativa en su vida.

Podría ser un atacante que ha elegido vivir una vida oscura llena de negatividad y ha lanzado hechizos para atacar a las personas que han elegido un camino diferente.

El ataque podría provenir de alguien temeroso que proyecta involuntariamente energía negativa que ha llegado a su vida. No lo hacen de forma maliciosa, pero sigue afectando a su psique.

El ataque podría haberse originado en el reino espiritual, donde un espíritu maligno ha encontrado una vulnerabilidad crítica en su aura. La ansiedad, la depresión, las adicciones malsanas y las relaciones tóxicas pueden contribuir a estos problemas.

Cómo reconocer cuando se experimentan ataques psíquicos

Por suerte, hay distintos síntomas que indican cuándo está siendo atacado, para que pueda empezar a repeler la negatividad.

Estas señales incluyen:

- **Le invaden los pensamientos negativos:** ¿Ha pensado alguna vez que alguien o algo ha tomado el control de sus pensamientos? Normalmente, usted tiene una visión equilibrada de la vida y puede reconocer que la mayoría de las situaciones tienen un efecto negativo y otro positivo en usted, pero últimamente no puede dejar de insistir en los pensamientos negativos? Una fuerte corriente de pensamientos negativos es una señal segura de que está bajo un ataque psíquico de otra fuente. Si no puede ver más allá de la negatividad, se sentirá fatigado y frustrado con la vida, lo que le llevará a la depresión severa.

- **Soñar con uno mismo como una víctima constante:** Cuando duerme, usted es más vulnerable. Sus sueños se verán invadidos por una energía nociva y le infundirán miedo. Los escenarios pueden ser diferentes, pero los sentimientos de impotencia serán los mismos. Puede que sueñe que lo persiguen por entornos desconocidos, o que sus sueños se manifiesten en peleas violentas. Sea lo que sueñe, será tan traumático que dañará la calidad de su sueño, dejándole aletargado y agotado al día siguiente.

- **Fobias:** Cuando esté bajo ataque psíquico, experimentará ataques de miedo irreales. El coche que conduce todos los días le parecerá de repente inseguro, y tendrá demasiado miedo de conducirlo. Puede llegar a estar tan aterrorizado por lo que le espera que se niegue a salir de casa. Estas sensaciones serán tan intensas que no se parecerán a ninguna otra que haya experimentado. Normalmente, las fobias se desencadenan a raíz de incidentes, pero estos miedos irracionales suelen surgir de la nada.

- **Falta de energía:** ¿Alguna vez ha tenido una conversación con alguien que le drena, mental y físicamente. Estos son vampiros de energía, y son la forma más común de atacantes psíquicos involuntarios. A medida que le drenan la energía, se vuelven más animados y vivaces. Una vez que se libere de sus garras, necesitará dormir para recuperar su vitalidad. Reconocer este tipo de personalidades es el primer paso para evitarlas.
- **Dolores de cabeza:** Los fuertes dolores de cabeza que surgen de la nada son un signo clásico de un ataque psíquico. Normalmente, podemos identificar la causa de los dolores de cabeza habituales y tratar los síntomas, pero las migrañas psíquicas son violentamente dolorosas e intratables.
- **Síntomas de trance**: Cuando habla con alguien y luego cae en un estupor mental mientras ellos hablan, usted podría estar bajo el ataque de otra forma de vampiro de energía. El atacante puede ser hábil en el uso de su voz para enviarle a un estado hipnótico para que puedan drenar su energía. También pueden estar involuntariamente drenando por dominarle mentalmente.
- **Mala suerte constante:** Este signo es frecuentemente ignorado cuando se trata de ataques psíquicos, pero no debería ser así. La mayoría de nosotros tenemos una fortuna mixta, y experimentamos buena y mala suerte, pero cuando la buena suerte se acaba, podría significar que está siendo atacado. Este signo puede ser difícil de detectar, pero es importante recordar que la mala suerte no siempre se debe al destino. Podría ser una señal de un ataque.

Ritual menor de destierro del pentagrama

Este ritual puede ser tan simple o tan complicado como quiera. La mayoría de los practicantes utilizan una daga o un cuchillo mágico para realizar el ritual, pero usted puede utilizar su dedo índice. Vestirse con una túnica ceremonial también es una opción, pero usar ropa fresca de algodón que permita el movimiento funcionará igual de bien.

El LBRP es parte de una tradición mística y debe realizarse para limpiar su área y a usted mismo antes de realizar trabajos de magia. El ritual también puede realizarse cuando sienta que está bajo el ataque de fuerzas malévolas que buscan drenar su energía positiva.

La cruz cabalística es una parte clave del ritual y consiste en visualizarse a sí mismo como un ser que lo abarca todo y que se eleva por encima de los límites físicos de la Tierra, al tiempo que se mantiene anclado en el suelo.

Cómo realizar el LBRP

La primera parte del ritual

Primer paso: Visualice que está de pie en el suelo y creciendo. Rompa los límites físicos que se elevan sobre usted extendiendo los brazos. Elévese hasta que sea más alto que la ciudad en la que reside. Sobrevuele los continentes, que se hacen más pequeños a medida que se acerca a los cielos y continúe elevándose. Mire hacia abajo, hacia los mares y las masas de tierra, y se dará cuenta de que se han encogido hasta convertirse en pequeños puntos.

Ahora obsérvese a sí mismo aventurándose en el plano astral, donde puede observar a los planetas girando alrededor del sol. Son simplemente pelotas de juguete para que usted las observe porque son tan gigantescas y magníficas. Aunque la Vía Láctea no es más que una mota de polvo en su entorno, sus pies permanecen firmemente plantados en la tierra y se sienten tan sólidos como una poderosa raíz. Debería observar una deslumbrante luz blanca que emana de la fuente divina una vez que haya alcanzado la cima. Dirija esta brillante esfera blanca hacia su psique con su daga o cuchillo sagrado apuntando a su frente. Repita el mantra A-Ta mientras siente la luz pulsando en su cabeza.

Segundo paso: Lleve su daga, cuchillo o dedo lentamente hacia abajo de su cuerpo hasta que descanse sobre su ingle. La luz le seguirá y llenará su cuerpo de pureza y luz. Cuando su mano llegue a la ingle, ordene mentalmente a la luz que viaje más allá de ese punto hasta llegar a sus extremidades. Cuando llegue a sus pies, oblíguela a viajar hasta la Tierra, y al infinito y más allá. Repita el mantra MAL-KOOT mientras siente que las vibraciones llenan su cuerpo.

Tercer paso: Levante el brazo que dirige la luz hacia su hombro derecho. Visualice que la luz recorre su núcleo; extiéndala desde la región del corazón, hasta el brazo derecho y hacia el universo. Repita el mantra VI-GDOO-RA mientras la luz sale de sus dedos.

Cuarto paso: Repita el ejercicio en su lado izquierdo, y mientras la luz aparece desde su brazo izquierdo y a través de sus dedos, repita el mantra VI-GDOO-LA.

Quinto paso: Lleve sus manos al pecho y júntelas como si estuviera en modo de oración. Este punto emanará ahora un brillo dorado mientras la luz blanca continúa fluyendo. Esta es la cruz cabalística, y se le representa como el centro del universo con la luz divina brillando a través de su núcleo. Mantenga esta posición para sentir la fuerza de la luz.

La segunda parte del ritual - la formulación del pentagrama

Primer paso: Mueva su cuerpo en dirección al este y mire hacia afuera. Mueva el brazo desde la cadera izquierda hasta la parte superior de la cabeza, dibujando un pentagrama con su cuchillo u objeto elegido. A continuación, trace una línea desde la cabeza hasta la cadera derecha, hasta el hombro izquierdo y de vuelta a la cadera izquierda. Al enlazar las dos últimas líneas, la luz debe ser una llama azul resplandeciente.

Segundo paso: Levante las manos a los lados de la cara mientras respira profundamente. Sienta cómo la energía fluye a través de usted, llenándole de amor y alegría. Levante la daga o el cuchillo para que apunte directamente al centro de su pentagrama azul, luego apunte a la imagen resplandeciente con la otra mano mientras aprieta el resto de los dedos en un puño.

Tercer paso: Sumérjase en el pentagrama dando un paso adelante con el pie izquierdo. Cuando sienta que la energía fluye a través de su núcleo, empuje sus manos hacia el centro del pentagrama. Repita el mantra YUD-HE-VAHV-HE mientras las vibraciones aumentan.

Repita el movimiento hasta que haya mirado hacia todas las direcciones y haya sumergido cada parte de su cuerpo. Repita el mantra EH-YEH cuando mire hacia el oeste, AH-GLA cuando mire hacia el norte y AH-DO-NEY cuando mire hacia el sur.

Cuarto paso: Vuelva a su posición original y utilice la daga para conectar los cuatro puntos con luz blanca. Extienda la línea para incluir el quinto punto del pentagrama y vuelva al centro de su espacio.

Quinto paso: Ahora, mire a su alrededor la esfera blanca brillante que ha creado con su pentagrama azul resplandeciente en su centro. Todos los puntos del espacio han sido bendecidos con los nombres de los antiguos, y están trabajando contigo para lograr una perfecta protección contra el daño.

La tercera parte del ritual - La evocación de los arcángeles

Evocar a los arcángeles forma parte del ritual para las personas que creen en el poder de los arcángeles y desean pedir su ayuda para que les protejan a ellos y a sus familias.

No todos los practicantes creen en su eficacia, y esta es una decisión personal que debe tomar en función de sus creencias.

Si usted cree, siga los siguientes pasos para evocar a sus arcángeles favoritos y solicitar su ayuda:

Primer paso: Póngase de pie y forme una cruz extendiendo los brazos.

Segundo paso: Imagine una figura en una colina lejana con túnica. Debería haber una suave ráfaga de viento procedente de la figura y una sensación de paz en su corazón. Dependiendo de la sensación que tenga de cada individuo, utilice su instinto para evocar a su arcángel diciendo *"Venga a mí (introduzca el nombre de un arcángel)"* hasta que haya convocado a su arcángel.

Tercer paso: Mueva el pie izquierdo hacia fuera e imagine que un hermoso pentagrama azul le rodea. Diga: "Alrededor de mí flamea el pentagrama bendito".

Cuarto paso: Visualice una estrella dorada de Belén alrededor de su corazón y diga: "Dentro de mí brilla el poder de la estrella dorada de seis caras".

El ritual ha terminado, pero algunos practicantes prefieren repetir la cruz cabalística para cerrar.

Recuerde anotar sus rituales y lo que encuentra o siente en un diario ritual. Esta práctica es la forma perfecta de anotar qué rituales funcionan mejor en determinadas circunstancias. ¿Estaba la Luna llena o menguante? ¿Ha realizado su ritual en el exterior o en el interior? Para crear las circunstancias ideales para el futuro, adopte un sistema de marcación y anote cómo se sintió antes, durante y después de sus rituales.

Ritual del pilar central

Este ritual se basa en el pilar central del árbol de la vida que figura en las enseñanzas de la cábala. Representa el punto central entre los pilares opuestos de la severidad y la misericordia. Limpia los canales de energía y permite al practicante canalizar la energía externa con más éxito. Úselo como parte de su régimen diario para aportar serenidad y calma a su trabajo.

Primer paso: Respire profundamente hasta que se sienta tranquilo y cómodo mientras está de pie en su área de trabajo. Gire la cabeza hacia el este y relaje los brazos para que las manos caigan naturalmente a los lados.

Mientras sigue respirando profundamente, cierre los ojos e intente despejar su mente.

Segundo paso: Levante los ojos para enfocar el espacio sobre su cabeza. Imagine un orbe blanco brillante similar a la luz que visualizó en la LBRP y acepte que esta es la poderosa fuerza del universo que ha sido enviada para vincularlo con la energía divina. A medida que la luz crece y se hace más brillante, cante el nombre EY-HEYEY cuatro veces.

Tercer paso: Ahora, imagine un poderoso y estrecho rayo que emana de la luz que atraviesa la parte superior de su cabeza y entra en usted deteniéndose en la base de su cuello. Este rayo es su conexión con su ser superior y es un poder que le ayuda a descubrir de lo que es capaz. Cuando el rayo se detenga, imagine una esfera de luz más pequeña en su extremo. Concéntrese en la conexión entre la esfera de luz más pequeña y la esfera que se encuentra sobre su cabeza. Mientras se concentra, cante el nombre YUD-HEY-VARV-HEY-ELO-HEEM cuatro veces.

Cuarto paso: Concéntrese en la bola de luz del cuello e imagine un rayo que emerge y viaja hacia el abdomen. De nuevo, forme una bola de luz separada en esta zona y concéntrese en el rayo de conexión mientras canta YUD-HEY-VARV-HEY-ELOA-VIDAHAT cuatro veces.

Quinto paso: Desde la bola de luz en su abdomen, visualice un rayo que viaja a su ingle y forma otra bola en su ser reproductivo. Esta bola representa su ser físico, y a medida que crece y se mueve para llenar el área, cante SHA-DIE-ELCHI cuatro veces.

Sexto paso: Desde esta bola, visualice un rayo que desciende hasta sus pies, a través de las plantas de los pies, y hasta el suelo. La última esfera aparecerá en parte sumergida en el suelo y en parte por encima de él. Este último enlace completa la conexión con la bola que está sobre su cabeza y finaliza el ritual. Mientras deja que su mente viaje entre las esferas, cante el nombre AR-DO-NY-HAAR-ETZ cuatro veces.

Ahora tendrá cinco esferas separadas unidas por rayos brillantes de vida que están canalizando la energía del Universo a través de su cuerpo. Permanezca en este escenario todo el tiempo que desee. Respire profundamente y sienta el poder del espíritu divino fluyendo a través de usted hasta que esté listo para terminar el ritual. Permita que las imágenes se desvanezcan y vuelva a su vida normal, sabiendo que las esferas y los rayos siguen ahí aunque no los pueda ver.

Cábala

Hay muchos conceptos erróneos en torno a la cábala y al porqué de su importancia, pero para nuestros propósitos, es un concepto que nos ayuda a entender el concepto del árbol de la vida y el porqué de la aparición de las sefirot o esferas individuales que son partes clave de los rituales de protección.

El árbol de la vida consta de tres pilares: la severidad, la misericordia y un pilar intermedio que representa el equilibrio. Lo notable de su composición es cómo se relaciona y funciona en nuestro sistema nervioso central. Tenemos los hemisferios derecho e izquierdo que actúan de forma independiente. La médula espinal recorre el centro, distribuyendo impulsos específicos por todo el cuerpo y manteniendo un equilibrio saludable.

Las señales provocarían el caos en el cuerpo si el núcleo central no las gestionara. Nos descoordinaríamos y nos dirigiríamos por impulsos puramente lógicos si solo nos guiara el lado izquierdo del cerebro. No funcionaríamos correctamente si no tuviéramos los correspondientes impulsos del lado derecho del cerebro que gobiernan la imaginación. Para ponerlo en perspectiva, nos convertiríamos en gestores de cuentas muy hábiles, capaces de producir números precisos, pero no sabríamos qué hacer con ellos. Necesitamos que el lado imaginativo del cerebro genere ideas que complementen las conclusiones lógicas proporcionadas por el lado izquierdo del cerebro.

Esta descripción es una versión simplificada de la cábala, pero ilustra por qué el árbol de la vida es tan importante en este ritual. Entender por qué se realizan los rituales es tan vital como saber cómo realizarlos.

Capítulo 3: Tierra: Descubra su poder

Ahora que podemos realizar rituales que nos protejan en su totalidad, es el momento de ser más selectivos con los rituales y hechizos asociados a los elementos. Los cuatro elementos son el núcleo de la magia occidental y tienen su origen en antiguas prácticas paganas como la wicca.

Los elementales son la manifestación física del elemento y tienen su origen en la naturaleza. Esta creencia se remonta a la Edad Media y se ha introducido en las prácticas modernas. La invocación de un círculo implica la ayuda de los cuatro elementos para la protección y la energía. Normalmente se invocan los cuatro puntos cardinales en el siguiente orden: aire al este, fuego al sur, agua al oeste y tierra al norte. Estas "esquinas" del círculo están custodiadas por torres de vigilancia, que albergan a los elementales que representan los elementos individuales. Un quinto elemento, el espíritu, conecta los cuatro elementos y forma la estrella de cinco puntas del pentagrama.

En los próximos capítulos descubriremos qué elementales están asociados a cada elemento y qué poderes tienen. Este capítulo trata sobre el elemento tierra, así que empezamos con el elemental correspondiente, que son los gnomos.

Los gnomos son los guardianes elementales de la atalaya del norte

La palabra "gnomo" procede del griego "genomus", que significa habitante de la tierra. El mundo espiritual del elemento tierra está poblado por gnomos que tradicionalmente son acaparadores y protectores de secretos. Son criaturas bondadosas que pueden interactuar fácilmente con el mundo físico. Están presididos por el rey de los gnomos, Gob, que gobierna su tierra de cuevas ocultas y viviendas subterráneas.

Son traviesos y a menudo se unen a hogares con niños con los que se sienten afines. Pueden ser vistos por los mortales y suelen aparecer como hombres y mujeres pequeños y enjutos vestidos con trajes azules o verdes rematados con alegres tocados rojos. Son los guardianes del bosque y de los jardines, y protegen a toda la fauna y la flora, por lo que tradicionalmente tenemos adornos de gnomos en nuestros jardines.

Al igual que hay muchos tipos de humanos, hay muchos tipos de gnomos que han evolucionado a través del cuerpo etéreo de la tierra. Usted puede recurrir a ellos para que le ayuden con la magia asociada al elemento tierra, incluyendo los siguientes:

- Esfuerzos artísticos
- Crear un equilibrio en la vida
- Cortejo y citas
- Aprender a bailar
- Crear armonía
- Buscar la amistad
- Hechizos de hierbas
- Crear buena suerte
- Prosperidad
- Romance, matrimonio y búsqueda del alma gemela
- Curación
- Ser más sociable

Los gnomos se sienten atraídos por todo lo orgánico, y una de las principales formas de atraer su atención es llenar su jardín de plantas y flores. Les encanta la naturaleza y serán de gran ayuda para quien la cuide. Incluso si no tiene un jardín, puede invocar a los gnomos cuidando sus plantas de interior y comprando alimentos ecológicos. Deje una sabrosa manzana ecológica como ofrenda para atraer a los gnomos a unirse a usted.

Los seres elementales son grandes compañeros y pueden ser invocados con un jardín bien cuidado, una fuente de agua cristalina o una chimenea rugiente. Cualquier cosa que represente el respeto que tenga por sus elementos atraerá a estos seres de luz y energía pura. Ayudarán a cualquiera que se preocupe por el medio ambiente y busque mejorar su entorno.

Cómo invocar a los gnomos

Algunos creyentes asocian símbolos y colores a los distintos elementales, y el de la tierra es un cuadrado amarillo. El origen de estos símbolos son las cartas tattwa utilizadas en la filosofía hindú primitiva para identificar los elementos básicos.

Cuando utilice la imagen para entrar en contacto con los elementales, debe llevarse usted mismo a un lugar tranquilo y sombreado, preferiblemente en un bosque o selva, y sentarse directamente en el suelo. Lleve consigo un pequeño plato de tierra y una imagen de un cuadrado amarillo. Comience el ritual dibujando el símbolo del pentagrama en el aire y concentrándose en el punto norte para indicar su preferencia.

Ahora, concéntrese en la carta tattwa con el cuadrado amarillo y esparza la tierra en un círculo. Sienta que su ser consciente se traslada a la imagen y busque un portal por el que pasar. Debe parecerse a una pantalla de televisión o de cine que puede atravesar para entrar en una tierra de colinas onduladas y cuevas subterráneas. Si consigue entrar en el reino, le recibirá una sucesión de gnomos que le darán la bienvenida con canciones y bailes.

Hay varios tipos de gnomos, entre ellos:

El gnomo del bosque: Generalmente son tímidos con el hombre, se mantienen ocultos y solo se acercan cuando están seguros de que usted es un amigo y no un enemigo.

El gnomo de jardín: Más viejo que sus homólogos, le hará partícipe de melancólicos relatos de la historia de los gnomos. Vivirá en jardines bien establecidos y tendrá un hogar acogedor.

Gnomos de las dunas: Son un poco más grandes que sus homólogos del bosque y visten de forma monótona. No llevan ropas coloridas, prefieren vestir en tonos más apagados.

Gnomos domésticos: Son los gnomos que más saben, podrán hablarle en su idioma y han visitado la Tierra muchas veces. Dirigirán los grupos que quieran interactuar con usted. Los gnomos domésticos son la familia donde se eligen los reyes.

Gnomos de granja: Se parecen a los gnomos domésticos, pero son menos interactivos. Sus costumbres conservadoras no significan que no sean amigables, solo que son un poco más conservadores que los gnomos domésticos.

Gnomos siberianos: Estos no siempre forman parte del grupo. Estos tipos de gnomos están más asociados a los gnomos y otros elementos negativos.

Le abrazarán y le otorgarán sus posesiones más preciadas. Si le regalan rocas y piedras preciosas, significa que será próspero, mientras que el regalo de minerales significa que será bendecido con una relación saludable. Los regalos del mundo de la naturaleza deben ser atesorados y respetados. Cuando la imagen del mundo empiece a desvanecerse, dé un paso atrás y vuelva al bosque o a la selva donde empezó su viaje.

Ahora tiene una conexión con estos seres ingeniosos y caprichosos, y debe asegurarse de mantenerla sana y próspera. Lléveles ofrendas como fruta fresca y flores o una comida vegetariana de frutos secos y bayas con regularidad y deles las gracias antes de irse a la cama. Los gnomos son grandes amigos, pero pueden ser problemáticos si no respeta sus creencias. Sea respetuoso con la naturaleza y su relación prosperará y florecerá. Si es irrespetuoso, se enfadarán y verá su casa desordenada y con mala suerte.

Aterrizar y centrar su elemento tierra

El elemento tierra es el símbolo central del equilibrio. Representa la madurez del espíritu, un punto de equilibrio entre la juventud y la vejez. Independientemente de su edad física, el elemento tierra puede ayudarle a descubrir el punto medio de la vida. También tiene un poderoso efecto en el centro de su cuerpo y se conecta orgánicamente con sus órganos para ayudar a sus procesos de digestión y nutrición. Cuando conecta y asienta su elemento tierra, mejora las funciones de su estómago y bazo.

Ejercicio de conexión a tierra para el elemento tierra

Imagínese como un poderoso roble con profundas raíces y fuertes ramas. Separe las piernas y manténgase erguido. Sienta el suelo bajo sus pies e imagine que sus pies y piernas son elementos de unión: son las raíces que le estabilizan y le hacen sentirse fuerte.

Mientras sus raíces se adentran en la tierra, celebre su seguridad extendiendo los brazos como si fueran ramas de su árbol. Imagine el refugio que proporcionan a la fauna y a los pájaros. Levante la cara hacia el cielo y sienta cómo el Sol hace crecer y florecer su árbol.

Estabilice su núcleo con una respuesta de relajación para ayudar a su sistema digestivo y mejorar la salud de su estómago. Respire profundamente mientras relaja el diafragma y los músculos del estómago. El aire llenará sus pulmones de abajo a arriba, haciendo que su estómago y su tórax se expandan de forma natural. Esta forma de estiramiento mejora su control muscular y tonifica su núcleo. Concéntrese en su abdomen mientras respira, y preste atención a lo que ocurre cuando inhala y exhala.

Centre su cuerpo creando aceites esenciales para usarlos en su cuerpo para tratar los desequilibrios emocionales como la preocupación y la ansiedad y para crear desencadenantes emocionales positivos como la empatía y el amor.

El elemento tierra está representado por olores que proporcionan cualidades de calma y descanso. Están diseñados para tranquilizarle y poner su mente en calma con sus aromas cálidos y terrosos.

Recetas con aceites esenciales para centrar el elemento tierra

En primer lugar, elija un aceite portador que complemente sus aceites.

- El aceite de almendras dulces contiene vitaminas B1, 2 y 6 y vitamina E. Es un aceite claro y ligero que se absorbe fácilmente y es perfecto para la piel seca. No lo use si es alérgico a los frutos secos.
- El aceite de albaricoque es perfecto para las pieles más secas y está repleto de vitaminas y minerales.
- El aceite de jojoba es inodoro y antibacteriano. Puede utilizarse en pieles sensibles y puede ayudar a curar trastornos cutáneos como el acné y el dermatitis.

Aceites esenciales para el elemento tierra
- Sándalo
- Mirra
- Hinojo
- Cilantro
- Madera de cedro
- Jengibre
- Romero
- Patchouli
- Vetiver
- Mejorana dulce

Pruebe esta mezcla sensual y terrosa para aplicarla en los puntos de presión de su cuerpo
- ½oz de aceite de almendras
- ½oz de aceite de jojoba
- 3 gotas de aceite de mejorana dulce
- 3 gotas de vetiver
- 3 gotas de cilantro

Mézclelo para dar un masaje o añada sal marina para crear un exfoliante de sal para la ducha.

Aplicar sobre los puntos de presión para centrar el cuerpo.
- El punto de acupresión del estómago el número 36 está situado a tres dedos de ancho por debajo del flanco de la pierna. Estimular en ambas piernas para lograr la armonía del estómago, un bazo fortificado y un aumento de la nutrición de la sangre. Calma los nervios y promueve la paz interior.
- El punto de acupresión del bazo el número 3 está situado en el centro del arco del pie, en la depresión del lado del balón. Fortalece el bazo y resuelve los problemas de temperatura corporal.
- El punto de acupresión del riñón el número 1 se encuentra en la planta del pie, en la depresión que se forma al apoyar los pies en los talones. Es uno de los mejores puntos de conexión a tierra del cuerpo. Elimina la energía negativa desde la parte superior de la cabeza hasta la parte superior del cuerpo. Cuando se estimula,

reduce la ansiedad y mejora el sueño. Detiene los sofocos y la agitación al centrar y conectar a tierra todo el cuerpo.

Alimentos que nutren el elemento tierra

Todo el mundo conoce la importancia de la dieta cuando se trata de la salud física, pero los alimentos que comemos también pueden ayudarnos a equilibrar nuestro ser elemental. El elemento tierra rige el cuerpo y es responsable del sistema digestivo, sin el cual todos pereceríamos. Aliméntese con los comestibles adecuados, y estará nutriendo también el elemento tierra esencial.

Incluya en su dieta:

- Las hortalizas de raíz, como las cebollas, el boniato, las zanahorias, los nabos, la remolacha y el ajo. Cualquier planta comestible que crezca bajo tierra se clasifica como hortalizas de raíz y es una forma sabrosa de mejorar su dieta.
- Las verduras de hoja verde como la col rizada, la berza, las espinacas, el repollo y el berro están repletas de vitaminas y proporcionan un ingrediente bajo en calorías que llena y es sabroso.
- Las proteínas ligeras como los huevos, el pollo, las almendras, la avena, el yogur, el queso, la leche y las lentejas son fuentes importantes de proteínas que le ayudan a alimentar los bloques de construcción de sus órganos más importantes como los músculos y la piel. Las proteínas ayudan a su cuerpo a construir y reparar.
- Los pescados saludables como el salmón salvaje, el atún, la caballa, el bacalao y las sardinas están llenos de omega 3, que es excelente para la salud del corazón.
- Los dulces que son naturales como la miel y la fruta le ayudarán a evitar los edulcorantes artificiales, que provocan un aumento de la ansiedad y un desequilibrio en su elemento tierra.

Un elemento tierra equilibrado apoyará su libertad de expresión y le dará la confianza necesaria para alcanzar su máximo potencial. Le despeja el camino para llegar a su ser espiritual y pedirle que le guíe. Prosperará y apreciará el mundo en el que vive gracias a su conexión con los gnomos. Tendrá un fuerte sentido de la autoestima y la confianza para desafiar a los que intentan hundirle.

Desterrar la negatividad de su elemento tierra

Si tiene un elemento tierra desequilibrado, sentirá que no tiene valor y que la gente no le escucha. La confianza en usted mismo estará en ruinas, y estará plagado de dudas. Se sentirá desconectado y solo. Los problemas estomacales y digestivos estarán entre sus problemas de salud. Curar su elemento tierra es tan importante como curar cualquier otra herida o enfermedad.

El elemento tierra o muladhara en el sistema de chacras es una parte estable de su ser. Debe ser tan fuerte como una roca y darle la confianza para tomar riesgos medidos y disfrutar de un sentido de aventura. Supongamos que está atascado en una rutina o que tiene problemas para mantener elementos clave de su vida como el trabajo y las relaciones. En ese caso, es hora de trabajar para equilibrar su elemento tierra.

1. Salga al exterior y entre en comunión con la naturaleza: Quítese los zapatos y deje que sus pies sientan la hierba bajo ella, o dé un paseo por un arroyo burbujeante. Deje todos sus aparatos electrónicos en casa y sumérjase por completo en la naturaleza. Sienta cómo el estrés y los problemas desaparecen mientras deja que la maravilla de la naturaleza calme su alma.

2. Curación por el color: Los colores que nos rodean pueden influir en cómo nos sentimos. Los tonos tierra, como el verde musgo y el rojo oscuro, representan el chacra de la tierra, así que intente añadir estos elementos a su casa y a su entorno. Elija accesorios hechos con materiales naturales y elimine cualquier material plástico o artificial. Utilice una manta de lana natural para acurrucarse y conectar con la magia de un producto natural para mantener el calor.

3. Prepare tés e infusiones de hierbas en lugar de su café y té habituales. Las hierbas secas y los tés son una alternativa sabrosa y saludable a la cafeína.

4. Utilice la sal para limpiar su espacio sagrado. Si tiene un altar o un lugar sagrado, límpielo con una solución de sal natural para refrescarlo y eliminar cualquier elemento dañino. Cuando su espacio esté limpio, afectará al funcionamiento de sus rituales.

5. Coloque cristales curativos en su casa. Los cristales son una forma poderosa de limpiar su aura, y debería tenerlos cerca cuando se sienta sin conexión a tierra.

Cristales curativos de la tierra

El aragonito marrón es uno de los cristales más eficaces para el elemento tierra. Desbloquea las líneas ley y cura el estrés geopático.

La turmalina negra alivia la tensión en las zonas contaminadas y puede ayudar a resolver los conflictos interpersonales.

El citrino vincula el calor del Sol con el centro de la tierra. Atrae la energía y revitaliza el alma.

Los cuarzos espirituales están disponibles en muchas formas, y pueden utilizarse para estabilizar la energía de la tierra y liberar las toxinas dañinas.

El jaspe Kabamba es un cristal formado por algunas de las formas de vida más antiguas de la tierra. Tiene un corazón lleno de conocimientos antiguos y le ayudará a conectarse con el reino verde para instruirle sobre cómo sanar el planeta.

La malaquita absorbe la radiación y la contaminación. Deja el elemento tierra limpio y puro.

El cuarzo rosa es un cristal pacífico y armonioso que resuena con los guardianes que vigilan la tierra. Se utiliza para ayudar a las personas que han estado involucradas en desastres naturales y les ayuda a recuperar su confianza en el poder de la tierra.

El cuarzo ahumado absorbe las energías negativas y favorece la curación.

Capítulo 4: Aire: Abrace su conocimiento

El aire es vital para la existencia de la humanidad. Tiene una cualidad activa y se asocia con el movimiento y el desplazamiento. En términos mágicos, representa el poder de la mente, el intelecto y la imaginación. Nos proporciona la inspiración y el conocimiento y la fuerza y la rapidez con la que podemos reconocer la verdad y disipar las mentiras. El aire es un elemento activo y ligero que complementa las cualidades oscuras y sólidas del elemento tierra.

El elemento aire tiene muchas asociaciones y es el elemento relacionado con el oriente. Cuando el Sol sale cada día por el este, significa un lugar de nuevos comienzos y nuevas experiencias. El uso de los elementos de aire en su magia le ayudará con lo siguiente:

- Crear un nuevo comienzo
- Atraer un nuevo amor a su vida
- Suerte con la lotería
- Empezar de nuevo con una ex pareja
- Cambiar de carrera
- Crear un nuevo negocio
- Cualquier nueva idea positiva que pueda tener

Los elementales asociados con el aire se describen como sílfides, y representan la conexión con cosas aéreas como pájaros, mariposas e insectos voladores. También se asocian con los grifos y las valquirias, y gobiernan el mundo de los fae, donde buscaron refugio cuando los celtas desterraron a la raza sidhe al inframundo.

Se les describe como hadas del aire que son seres humanoides altos que cambian de forma y tienen alas que abarcan el doble de la longitud de su cuerpo, lo que les permite abalanzarse y surcar los cielos como las águilas. Sus vuelos son impresionantes y crean patrones mágicos en el cielo con sus alas, transformando las nubes en increíbles murales solo porque pueden hacerlo. No se interesan por los asuntos terrestres, sino por el mundo aéreo.

Los silfos están preocupados por el aumento de la contaminación atmosférica y la mala salud de los cielos. Pueden limpiar la contaminación que dejan los aviones y los reactores, y pueden cambiar el tiempo con sus impresionantes alas. Los avistamientos son raros porque están hechos de aire, pero hacen notar su presencia mediante nubes arremolinadas que parecen haber sido rozadas por plumas o por una inesperada ráfaga de viento. Es posible que una sílfide se haya puesto en contacto con usted si experimenta un remolino de viento cálido en un día que, por lo demás, es frío.

Aunque rara vez se muestran a los humanos, existe una conexión simbiótica. Al fin y al cabo, respiramos aire, que es de lo que están hechos. También reconocen que necesitan nuestra ayuda para sanar los cielos y disminuir la contaminación que los amenaza, por lo que estos seres superpoderosos buscan conectarse con personas que tengan fuertes intereses en los cielos, los patrones climáticos, las aves y la naturaleza. Conectarán con una brisa arremolinada o un viento que parece hablarle directamente al oído y que le hace sentirse energizado y extrañamente vivo. Cuando un sílfide se pone en contacto con usted, puede provocar un sorprendente momento de claridad y una sensación de aleteo en el pecho. Alégrese, un sílfide le ha sonreído, y eso es una verdadera bendición.

Cómo conectarse con las sílfides

La carta tattwa asociada al aire es un círculo azul, así que imprima la imagen en un papel o visualícela en su mente. Elija un lugar donde haya una masa de agua tranquila rodeada de una zona verde para sentarse. Póngase cómodo en el suelo y cierre los ojos. Respire profundamente y cante el nombre de su deidad favorita asociada al aire.

Deidades asociadas al aire

- Amón, dios del antiguo Egipto, representado con cabeza de carnero o de serpiente
- Anemoi, los dioses griegos, asociados con el viento que gobernaban las estaciones y el clima
- Fei Lian, la mística criatura china que era tan veloz como el viento
- Paka'a, el dios hawaiano del viento
- Ukko, el dios finlandés del cielo

Abra ligeramente los ojos mientras pide a las sílfides que le visiten. Visualice los más bellos pájaros y mariposas que vienen a posarse sobre usted mientras espera su visita. Relájese y sienta cada bocanada de aire en su cara. Debería sentir un cambio en el aire mientras invoca a estos esquivos espíritus, y puede que los vea aparecer por encima del agua. Observe cómo la luz capta las imágenes parpadeantes que aparecen como destellos grises y blancos de energía. A los silfos les encanta mostrar su agilidad y realizar elaboradas demostraciones de su gracia mientras se lanzan hacia delante para tentarle y luego se retiran tan rápidamente como la propia luz.

Cuando invoque a los silfos, le ayudarán a guiarle e inspirarle a niveles superiores, especialmente en cuestiones creativas. Les encanta trabajar con personas que son movidas por naturaleza y les encanta bailar y crear movimiento. Los silfos le ayudarán a sanar su ser creativo y a convertirse en el recipiente de nuevas ideas y proyectos innovadores. Pídales ayuda para salir de las situaciones de estancamiento y descubrir su camino en la vida.

Cómo reconocer la necesidad de conectar a tierra su elemento aire

Cuando su elemento aire está desequilibrado, notará los siguientes síntomas:

- Su mente ocupada hace que sea difícil dormir
- Sus ideas parecen flotar y nunca llegan a buen puerto
- No puede organizar sus pensamientos, vuelan al unísono y no puede recuperarlos
- Su respiración es errática; se queda sin aliento sin ninguna razón

- Las tareas sencillas le dejan exhausto
- Su energía se disipa con cualquier forma de comunicación, incluso con el correo electrónico y los mensajes de texto
- Hay demasiada energía estática en su vida
- Se siente apático respecto a su vida
- Parece que la vida no tiene sentido

Cómo conectar a tierra el elemento aire

Ejercicio de respiración para la conexión a tierra

1. Al despertarse por la mañana, siéntese y extienda los brazos para abrazar el día. Respire profundamente por la nariz y suéltelo por la boca. Sienta el placer de llenar sus pulmones mientras se concentra en refrescar su cuerpo.

2. Ahora, mantenga la respiración durante treinta segundos. Sienta la vitalidad que le proporciona y las propiedades vivificantes de este elemento invisible. Permítase simplemente ser mientras el aire abandona su cuerpo al exhalar.

3. Establezca sus intenciones para el día. Recuerde que cada mañana es un nuevo comienzo, así que asegúrese de dar voz a lo que quiere de ese día en particular. "Hoy va a ser un día feliz y lleno de alegría. Doy la bienvenida a cada experiencia y abrazo la vida plenamente", diga esto antes de levantarse y prepararse para afrontar el día.

Cómo conectar a tierra su elemento aire y traer el equilibrio del aire a su vida

- No se salte las comidas. La comida es importante, y tomarse el tiempo para saborear las comidas le ayudará a equilibrar los tiempos de ocio y de trabajo.
- Reduzca los estimulantes como la cafeína y el alcohol; no debería necesitarlos. Aproveche sus pensamientos y sentimientos naturales.
- Reduzca su presencia en internet. Apague el teléfono y el portátil y preste atención a lo que ocurre a su alrededor. Participe en conversaciones y pida información a personas reales a la antigua usanza.

- Relájese antes de irse a dormir, apague la televisión y lea o tome un largo baño relajante antes de acostarse.
- Censure lo que ve. Evite las imágenes vívidas de las catástrofes y las noticias que inducen a la ansiedad. Concéntrese en lo que es positivo y edificante.
- Queme su energía nerviosa haciendo ejercicio o dando un paseo en bicicleta.
- Acuéstese de espaldas en un campo y observe las nubes. Conéctese con los silfos y vea cómo se forman sus increíbles patrones en el cielo.
- Cuide su jardín, plante flores que atraigan a las abejas y a las mariposas como el helenio, el aster y la equinácea.
- Visite una casa de mariposas.
- Vuele una cometa.
- Únase a un grupo de observación de aves.
- Viaje a perchas altas y observe cómo el sol desaparece en el horizonte.
- Utilice velas en casa y experimente la satisfacción de apagarlas.
- Empiece un nuevo proyecto, como aprender un nuevo idioma o tomar una clase de arte.
- Lleve campanas de viento a su casa y a su jardín.

Sinestesia y elemento aire

La capacidad de conectar olores y experiencias cognitivas secundarias se conoce como sinestesia. Para los sinestésicos, el aire es un elemento vital porque transporta olores. Practique con varios olores para ver qué ocurre. Algunos experimentarán colores, formas y figuras, mientras que otros experimentarán tonos musicales. Es normal que ciertos olores le traigan recuerdos. Por ejemplo, el olor de la hierba recién cortada puede recordarle a su padre cortando el césped, mientras que el olor del mar puede traerle recuerdos de las vacaciones. La sinestesia es única porque los olores evocan asociaciones e imágenes abstractas.

Puede realizar pruebas formales para determinar si usted es un verdadero sinestésico, pero si experimenta en casa, puede obtener resultados. Los olores más asociados al elemento aire son la menta, la hierba de limón, la lavanda, la pimienta rosa, el aceite de neroli, el almizcle blanco y la flor de azahar. Utilice aceites esenciales y velas para llenar su casa de estos evocadores olores y vea qué reacción provocan. Aunque no obtenga imágenes o sonidos aleatorios, al menos su casa olerá de maravilla.

Cómo invocar un círculo mágico

El aire está fuertemente conectado con la daga y la varita, las herramientas mágicas que se consideran esenciales para crear un círculo exitoso en el que realizar su trabajo. Los cuatro elementos son iguales en un círculo mágico, pero el aire tiene el voto decisivo debido a su conexión con las herramientas.

Paso 1: Encuentre un espacio abierto y llano donde no le molesten

Haga representaciones apropiadas para cada elemento en los puntos cardinales. Una planta en maceta o un cuenco de cerámica en el norte representa la tierra, una pluma blanca o una ramita de salvia en el este representa el aire, una vela o una vela de té en el sur representa el fuego y una concha marina representa el agua en el oeste.

Paso 2: Comience la invocación

Mire hacia el este y relájese. Levante su varita o daga y visualice el viento azotando a su alrededor y el aire alborotando su cabello. Diga: "Espíritus del aire, los invito a unirse a este círculo".

Voltéese hacia el sur e imagine que las llamas le rodean. Sienta el calor en su piel y el poder de las llamas crepitantes mientras dice: "Espíritus del fuego, los invoco para que se unan a este círculo".

Gire hacia el oeste y sienta cómo el agua fría fluye alrededor de su cuerpo. El poder de las olas y las corrientes obligan a su cuerpo a balancearse mientras dice: "Espíritus del agua, os invoco para que se unan a este círculo".

Por último, voltéese hacia el norte y deje que los aromas terrosos y la sensación del suelo bajo sus pies llenen sus sentidos. Respire el musgos y diga: "Espíritus de la tierra, los invoco para que se unan a este círculo".

Paso 3: Conéctese a la tierra

Imagine que sus pies echan raíces que recorren el suelo para conectarle con la madre tierra y cimentar su fuerza. Ahora gire su cara hacia el cielo y diga: "Padre cielo, imploro que me llene de su fuerza", y dé la bienvenida a los rayos dorados del cosmos mientras le llenan de poder infinito.

Paso 4: Haga su magia

Realice su ritual o hechizos sabiendo que está a salvo en su círculo. Los elementos le cuidan, y el cosmos le cubre la espalda.

Paso 5: Cierre del círculo mágico

Realice el ritual de cierre dirigiéndose a los elementos individuales y agradeciéndoles su ayuda. Llévelos a su conciencia y muéstreles cuánto los aprecia. Una vez que haya completado su agradecimiento y mientras abandona el área para reanudar su vida normal, diga:

> *"El círculo puede estar abierto, pero nunca se rompe; el amor que siento por todos ustedes estará para siempre en mi corazón y en mi cabeza. Puede que nos hayamos separado por ahora, pero nos volveremos a encontrar".*

Protéjase y proteja su casa de los elementos negativos del aire

La limpieza de su casa con salvia le ayudará a limpiarla y protegerla de cualquier daño. Una vez que haya limpiado su casa, coloque plumas y campanas en la entrada y en los alféizares de las ventanas y decore su espacio personal con plantas de aire como el aliso y la mimosa. Coloque cristales alrededor de su casa: la calcita azul, el citrino y el jaspe amarillo se asocian con el elemento aire. Los diamantes y los ópalos se asocian con el elemento aire, por lo que llevarlos potenciará sus energías y le protegerá de la negatividad.

¿Cómo nos protege el hexagrama?

Ya hemos hablado de las propiedades del pentagrama y de cómo se relaciona con los elementos, así que es una progresión normal utilizar el hexagrama para aumentar nuestros niveles de protección. El hexagrama unicursal es un símbolo que se puede dibujar en un solo movimiento y es una estrella de seis lados que data de 1588, cuando se mencionó en un documento sobre las matemáticas y el papel que juega en la magia y las filosofías. La estrella de seis lados se piensa comúnmente que representa a Dios, mientras que el pentagrama de cinco lados está más conectado con el hombre.

Alastair Crowley incorporó una rosa de cinco pétalos dentro del hexagrama para darle conexiones adicionales a la unión divina entre un hombre y Dios. Los pétalos representan el pentáculo y la feminidad del mundo divino, mientras que los seis puntos del hexagrama equivalen a Dios. Cuando se suman los dos números, el resultado son once puntos, el número definitivo de la unión divina y la magia.

El hexagrama se ha convertido en una de las formas más populares de invocar a las fuerzas elementales para desterrar la negatividad y las energías dañinas, porque se puede dibujar con un solo movimiento.

El simbolismo del hexagrama unicursal

- Tiene seis puntas, que representan los cuatro elementos más el Sol y la Luna. Esto le da el poder de invocar el cosmos y todos los elementos planetarios junto a los elementos estándar.
- El hexagrama representa dos mitades de un todo. Promueve la unión de los opuestos, como las energías masculina y femenina o los mundos mortal y espiritual. El símbolo representa la unión de partes divergentes para formar un ser más fuerte y equilibrado.
- El hexagrama unicursal le da la fuerza para liberarse de todo lo que le ata y tener más éxito. Le da confianza en sí mismo y el poder de encontrar su camino y seguirlo.

El hexagrama ha sido otra víctima del folclore de Hollywood. Aunque el hexagrama no es un símbolo pagano común, ha ganado atractivo por su asociación con la cábala. La similitud con la estrella de David lo acerca al judaísmo, pero el hexagrama regular no se limita a las creencias religiosas. Algunas personas creen que es un símbolo hexagonal, pero los estudios han demostrado que los aspectos positivos del signo superan con creces cualquier influencia negativa.

Llevar un hexagrama unicursal en forma de colgante u otras joyas le ofrecerá protección, mientras que algunas personas prefieren tatuarse el símbolo. El diseño puede mejorarse con otros símbolos, pero es igual de poderoso cuando se utiliza en su forma original.

Otros símbolos mágicos que puede utilizar

El anj es un símbolo mágico de origen egipcio que simboliza la vida. La parte superior redondeada representa la energía femenina, mientras que la parte inferior más recta es la masculina. El amuleto del anj es una poderosa forma de protegerse de las fuerzas del mal.

El nudo de bruja es un poderoso símbolo mágico femenino que disipa la negatividad procedente de fuentes masculinas. Dibújelo sobre su puerta para alejar los hechizos y las personas malignas.

El escudo celta es originario de Irlanda y representa el flujo eterno de protección y vida. Puede llevarse para mantener a su portador a salvo de cualquier daño y ayudarle a vivir más tiempo.

El signo de Marte le ayudará a contrarrestar cualquier magia utilizada contra usted y es un signo agresivo y puede ser utilizado para lanzar algunos hechizos poderosos. Usando la regla de no dañar a nadie, solo debe usarse para protección.

El dios con cuernos es un símbolo de un círculo coronado por una luna creciente. Protege el hogar y aporta valor y fuerza al portador.

Capítulo 5: El agua: Establezca sus límites

La magia del agua se asocia con occidente, la Luna y el poder de las fuentes naturales de este líquido mágico. Imagine que puede aprovechar la fuerza de los océanos, los mares, los ríos y los estanques para utilizarla en su magia. Ahora aumente ese poder añadiendo la fuerza natural de la lluvia, los huracanes y las tormentas furiosas. Agregue cascadas y marejadas a la olla, y está empezando a ver la vorágine elemental que el agua representa.

El agua es el limpiador más poderoso de la naturaleza. Apaga los incendios e inunda la tierra para dar paso a un nuevo crecimiento mientras limpia y purifica el suelo. Da vida a la tierra y la hace verde. Utilizar el agua para alimentar sus hechizos y rituales le ayudará a conectarse con las partes más profundas de usted mismo.

Elementos del agua

Las ondinas son las guardianas de occidente y del elemento agua. Son una especie invisible que habita en las aguas de la tierra, viviendo para amar y honrar a la humanidad. Son seres emocionales que disfrutan sirviéndonos y ayudándonos en nuestros esfuerzos mágicos. Varios grupos de ondinas habitan el mundo acuático. Algunas viven en cascadas y son descritas como ninfas, mientras que el mar es el hogar de sirenas y doncellas marinas que a menudo pueden ser vistas montando delfines y otras criaturas marinas. Las ninfas del agua suelen tomar el nombre de los arroyos y el lago donde viven.

Están gobernadas por Neptuno, el rey del mar, pero son principalmente femeninas. Las ondinas pueden adoptar forma humana, y la leyenda cuenta que adoptaron a familias de pescadores y las cuidaron mientras sus hombres salían al mar. Muchos humanos han sido atraídos por la llamada del mar para buscar ondinas y unirse a ellas en su mundo acuático.

La mitología celta habla de una antigua Irlanda poblada por una raza de criaturas semidivinas que podían vivir en tierra y también existir en el agua. Los celtas modernos creen que aún pueden encontrarse en las marismas y pantanos nativos de esa zona.

Invocar a las ondinas

El símbolo tattwa del agua es una luna creciente plateada, así que imprima el símbolo o imagínelo en su cabeza. Visite un lugar donde haya una fuente natural de agua y concéntrese en la luna creciente. Pida ayuda a las ondinas para conectar con el elemento y espere a que respondan. Provocarán ondas en el agua tranquila o incluso pueden provocar una ola visible. Espera una señal de que son conscientes de su presencia, y entonces déles la bienvenida a su aura. Las ondinas son clarividentes naturales y le enviarán mensajes sobre lo que necesita saber. Haga preguntas y manténgase abierto a sus interacciones, e incluso podrá vislumbrar una figura acuática que surja del lago o del arroyo.

Tomar un baño ritual es una forma perfecta de conectar con el elemento agua. También es un proceso relajante y refrescante que le preparará para su trabajo de magia. El objetivo principal del baño ritual es la limpieza, pero puede ser mucho más. Los practicantes de Hoodoo creen firmemente que el poder del baño es una de las formas más evocadoras de realizar magia. Nos enseñan a utilizar infusiones de hierbas para crear intenciones y bañarnos en las aguas para que estas intenciones den sus frutos.

Baño de limpieza simple

Debe fregar la bañera antes de tomar cualquier baño ritual. Asegúrese de que la bañera esté completamente limpia, ya que cualquier residuo de baños anteriores hará que el agua sea rancia y menos limpiadora. Ahora llénela con agua caliente y eche tres cucharadas de sal de Epsom o sal marina purificada en la bañera. Exprese claramente su intención:

"Criaturas del agua; invoco su presencia para que me purifiquen", mientras cruza los brazos para trazar una cruz sobre su bañera. Antes de entrar en el agua, declare su intención de limpiarla de todos los males.

Cargue su baño con los nombres de su deidad favorita, preferiblemente de agua. Afrodita, Ganga y Neptuno le ayudarán a cargar su baño y a llenarlo de energía positiva. Cante su mantra favorito y encienda velas alrededor de su bañera para potenciar el proceso de limpieza antes de sumergirse en el agua. Recitar oraciones o conjuros le ayudará a relajarse, pero no es necesario ser religioso para que un baño ritual funcione.

Si se siente incómodo con las oraciones u otros textos fijos, elija su propia forma de relajarse. Puede ser la letra de su canción favorita o un poema popular que le guste. Si deja claras sus intenciones, los espíritus le escucharán. Debe permanecer en la bañera hasta que se haya vaciado toda el agua. A medida que el agua se vaya, visualice que sus problemas y energías negativas se van por el desagüe.

Salga de la bañera y déjese secar al aire. No quiera limpiar la energía mágica con una toalla. Póngase ropa limpia y fresca y deje que el exceso de agua se impregne en ella. Para aprovechar al máximo la limpieza, póngase esa ropa durante 24 horas.

Cargue su baño con hierbas para la intención añadida

La adición de hierbas hace que su baño sea más específico para sus necesidades. Tome una bolsa de algodón y coloque en ella las hierbas que necesite, ciérrela y póngala en el agua veinte minutos antes de bañarse. Deje la bolsa de hierbas en el agua durante todo el baño.

Prosperidad: Añada canela, laurel, eneldo, clavo y albahaca para atraer la riqueza y la buena fortuna. Sus posibilidades de éxito aumentarán y la buena suerte le llegará.

Dinero: Si el éxito monetario es más importante para usted que la prosperidad general, puede realizar un ritual adicional para complementar su baño de prosperidad. Esparza algunas monedas desinfectadas de cualquier denominación en el agua de la bañera. Coloque un pequeño bote de miel a un lado de la bañera. Mientras se relaja en el agua, cubra cada moneda con miel y péguela en su piel. Escriba un deseo en un papel y encienda una vela verde. Queme el papel antes de retirar las monedas con miel de su cuerpo y colóquelas en un frasco. Después de vestirse, tome el frasco de monedas y guárdelo en un lugar oscuro y fresco.

Amor: Si está buscando pareja o quiere atraer el romance a su vida, añada algunos pétalos de rosa secos, cilantro, menta, romero y jazmín a su bolsa de hierbas y remójelo durante veinte minutos.

Descruse: Las maldiciones, gafes y otros hechizos negativos pueden eliminarse con un simple baño de descruzamiento si cree que las fuerzas negativas le están apuntando. Añada menta, hisopo, bálsamo de limón y salvia romana para curar su mente y su alma de los ataques negativos.

Problemas de salud: La mayoría de la gente conoce perfectamente las propiedades curativas de los baños minerales y los balnearios; si los visita con regularidad, estará familiarizado con los beneficios que pueden tener. Añadir cristales de sal, hierbas y aceites esenciales a su baño es una forma sencilla de recrear este proceso curativo.

Hierbas curativas y sus beneficios

- La albahaca puede ayudar con el dolor de las articulaciones, el tratamiento de infecciones y virus, el alivio de la congestión y la estimulación del sistema nervioso
- La hoja de laurel ayuda a combatir la diabetes, los problemas cardiovasculares, los problemas menstruales y el insomnio
- La manzanilla alivia el estrés y la tensión, así como la pérdida de apetito y los problemas de la piel
- Las hierbas de clavo aumentan la energía y mejoran la circulación sanguínea
- El eneldo puede ayudar con el colesterol, la epilepsia y la depresión
- La lavanda es una hierba contra la ansiedad y el acné
- La hierba de limón ayuda a reforzar el sistema inmunitario, elimina las bacterias y alivia el dolor muscular
- La mirra ayuda a la digestión, favorece la cicatrización, mejora la circulación sanguínea, previene las infecciones y alivia los espasmos

Los aceites y sus beneficios

- El aceite de azahar es afrodisíaco, antiinflamatorio, actúa como diurético y ayuda en el tratamiento del Alzheimer

- El aceite de menta alivia el sistema digestivo, erradica la halitosis, aumenta la energía y libera la energía natural
- El aceite de rosa es afrodisíaco, astringente, laxante y purificador de la sangre
- El aceite de salvia ayuda a mantener el equilibrio hormonal, reduce el colesterol, combate las infecciones y repara el hígado
- El aceite de tomillo favorece la circulación, actúa como expectorante, desintoxica el organismo y es beneficioso para el corazón

Ritual de la rosa cruz

Este ritual sirve para amortiguar las llamaradas astrales y proteger al practicante de los ataques psíquicos. Puede utilizarse para calmar la mente y el alma antes de dormir y es popular por su sencillez y eficacia. Algunas brujas y practicantes evitan el simbolismo religioso de la cruz, pero esto es un error común. Incluso los no cristianos pueden beneficiarse del simbolismo de la cruz, ya que es una poderosa representación de los cuatro elementos. Cuando la combinas con el círculo, obtienes un símbolo que lo abarca todo y que cualquier doctrina puede utilizar.

Cuando se realice este ritual, se crea un velo para enmascarar su presencia de cualquier influencia dañina. Los rituales del pentagrama y del hexagrama encienden llamas astrales que le hacen visible, mientras que el ritual de la rosa cruz enmascara esas llamas.

Los principiantes deben crear físicamente el ritual para familiarizarse con su funcionamiento y su progreso. Cuando se familiarice con la práctica, puede visualizar el proceso mientras se recuesta y se relaja. Piérdase en el mundo imaginario mientras tiene la sensación de realizar el ritual físico en su cabeza. La relajación le ayuda a liberar cualquier dolor o negatividad mientras se baña en la luz blanca de la divinidad que prepara su mente para el sueño.

El ritual también puede realizarse para otras personas. Mientras elabore la serie de cruces protectoras, imagine a la persona de pie en el centro de su área. Llame a la luz para que brille sobre ella y sobre usted. Al terminar la ceremonia, disipe la imagen astral y devuélvala al éter para asegurarse de que está a salvo y se beneficia del ritual.

Cómo realizar el ritual de la rosa cruz

El ritual debe realizarse en un espacio cuadrado que tenga las esquinas específicamente colocadas. Los símbolos se pueden dibujar con una varilla de incienso o un viento de invocación, según se prefiera.

Primer paso: Diríjase a la esquina sureste y haga el símbolo de la cruz de la rosa, una cruz tradicional con un círculo que abarque el punto donde las dos líneas se unen y forman la cruz. El círculo representa la rosa y debe permanecer dentro de los límites de la cruz. Cante el nombre YEH-HEH-SHOO-A y haga vibrar la última sílaba.

Segundo paso: Trace una línea desde el centro de la cruz de la rosa hasta la esquina suroeste y recree el símbolo. Cante el nombre YE-SH-VE y haga vibrar la última sílaba.

Tercer paso: Trace una línea desde el centro de su cruz rosa hasta la esquina noroeste y recree el símbolo. Cante YE-SH-VE una vez más.

Cuarto paso: Trace la línea desde la esquina noroeste hacia el nordeste, recree el símbolo y luego cante.

Quinto paso: Finalice el patrón haciendo una línea desde la esquina noreste hasta la esquina sureste y repita el canto.

Sexto paso: Trace una línea hasta el centro de su espacio desde la esquina sureste. Recree el símbolo de la cruz.

Séptimo paso: Una todas las esquinas con un círculo de intención para sellar las cruces independientes antes de volver al centro.

Octavo paso: Trace otra cruz rosa tan grande como pueda y cante el nombre YEH-HO-VA-SHA mientras une el árbol de la vida con las cruces rosas que ha creado. La esfera es ahora un recipiente protector solar que le protegerá del daño y le mantendrá a salvo mientras realiza su magia.

El simbolismo y las energías de este ritual son una forma poderosa de protegerse, y puede personalizarlo para satisfacer sus necesidades específicas. Utilice los nombres de sus deidades o ángeles favoritos para embellecer las cruces de rosas. Para enfatizar sus necesidades y peticiones, utilice colores y vibraciones. El símbolo de la cruz rosa puede utilizarse siempre que se sienta amenazado o en peligro. Trácela cerca de la entrada de su casa para proteger tanto su hogar como a usted.

Consagre su cáliz

Su cáliz es una herramienta importante para la magia del elemento agua porque contiene agua, así que elegir el correcto es esencial. Puede comprar vasos únicos y hechos a medida en línea, o puede optar por un cáliz más básico para su trabajo. Las copas de madera, vidrio, cristal y metal funcionan bien, pero puede que prefiera un material más moderno. Lo más importante es que su cáliz le hable a usted, que sea su encarnación y que sea atesorado. Su cáliz no debe ser compartido con otros porque eso disminuye su poder. Consagrar su cáliz lo convierte en una de las herramientas más poderosas de su arsenal mágico.

Necesitará varillas de incienso, velas, sal marina y agua.

Para representar el aura femenina o masculina de su cáliz, utilice los nombres señora, señor, dios o diosa. Personalízalo con sus deidades favoritas, como Thor y Freya, o elija una ceremonia genérica si lo prefiere.

Primer paso: Invoque a los espíritus del elemento agua. Entre ellos se encuentran las serpientes, las sílfides, Osiris, Anuket, Damona, Selkie, Leviatán u Olokun. Pídales que supervisen su ceremonia de consagración y que enciendan su varilla de incienso.

Segundo paso: Pase su cáliz tres veces por el humo de su bastón y diga: *"Que el poder del aire le purifique"*.

Tercer paso: Encienda la vela y pase el cáliz tres veces por la llama y diga: *"Que el poder del fuego le purifique"*.

Cuarto paso: Espolvoree sal y agua en su cáliz y diga: *"Por el poder del agua y la sal sea usted purificado"*.

Ahora bendiga y consagre su cáliz con un conjuro

Señora del agua, guardiana de la feminidad, bendiga este cáliz

Señor de los mares y los lagos, guardián de la masculinidad, bendiga este cáliz

Que al usarlo forme parte de su servicio y de su humanidad

Que ningún daño llegue a este vaso, y que esté libre de malicia. Asegúrese de que sea un vaso que traiga buena voluntad y armonía a la gente a la que sirve. Dedico este recipiente a sus obras sagradas, y lo nombro (insertar nombre) en honor a su amor.

Dedico mi trabajo y el uso de este cáliz a los dioses y diosas que gobiernan la Tierra y el mundo divino más allá de nuestra visión. Juro que nunca causaré daño y que siempre seguiré las reglas de la paz y la armonía. Que así sea.

Aguas mágicas y cómo utilizarlas

Los hechizos de magia con agua son sencillos de realizar porque el agua está en todas partes. Limpia, apaga y vigoriza, y es un elemento vital de la magia. Cargar su agua con fuerzas naturales aumentará el poder de su líquido y lo hará más versátil.

Agua lunar

Dependiendo de la fase en la que se encuentre la luna, su agua contendrá diferentes cualidades. Usted elige qué hierbas utilizar y cuándo cargar su agua, ya que se trata de un proceso orgánico.

Lo que necesita:
- Su cáliz
- Botella hermética
- Agua
- Sus hierbas elegidas
- Sal

Coloque los ingredientes en su cáliz y añada el agua. Colóquelo en el exterior o en el alféizar de una ventana donde la Luna lo ilumine. Déjelo toda la noche, pero asegúrese de levantarse antes de que el Sol lo haya tocado. Embotéllelo y etiquételo antes de la salida del sol. Puede colar el agua o dejar las hierbas dentro; usted decide.

Añada un par de gotas a su baño ritual o úntese la frente con el agua lunar para invitar a los sueños y las visiones. Utilícela para lavarse el pelo y hacerlo crecer, o lávese las manos con agua lunar para hacerlas más creativas. Los usos son infinitos.

Agua solar

Basada en el mismo principio que el agua lunar, se prepara durante el día y debe prepararse antes de que se ponga el sol. Utilícela para cargar sus herramientas mágicas y limpiar su altar. El Sol fortalece y energiza su agua, transfiriendo esa energía a su trabajo cuando la utiliza.

Agua nevada

Este líquido mágico se obtiene de la nieve derretida, y es puro y bendecido con las propiedades del hielo. Utilícela para calmar situaciones de ira o para limpiar las vibraciones negativas. El agua de nieve del primer otoño del año es especialmente poderosa para proteger sus hechizos.

Tiene propiedades de transformación porque ha sufrido su propia metamorfosis.

Agua de rosas

Hervir pétalos de rosa en el agua es la forma más sencilla de hacer esta poción mágica. Utilice el agua de rosas para atraer el amor y el romance a su vida y crear armonía en su relación actual.

Agua de guerra

Los practicantes de Hoodoo reconocerán este hechizo mágico. Coloque los clavos, el musgo y el agua en un frasco durante dos semanas y déjelo reposar. El agua será de color rojo o fangoso, y debe mantenerse en el frasco hasta que se necesite. Cuando alguien le cause problemas o le traiga "guerra" a su vida, use su agua de guerra para mantenerlo alejado.

Capítulo 6: Conviértase en un pilar de fuerza

El fuego es un elemento fascinante, ya que representa cosas diferentes para cada persona. Los pueblos antiguos confiaban en él para calentarse, cocinar los alimentos y mantenerse a salvo. El fuego les proporcionaba luz cuando estaba oscuro, por lo que alimentaba sus pasiones e iluminaba sus mentes. Tiene las cualidades que nos mantienen vivos, pero también tiene propiedades que pueden quemarle fatalmente si no lo controla. Por supuesto, los demás elementos pueden ser mortales, pero hay algo visceral en el poder del fuego y el peligro que encierra. El fuego representa la transformación y el renacimiento definitivos, y nos enseña a respetar y venerar la naturaleza y sus fuerzas omnipresentes.

El fuego es un elemento masculino con cualidades de brillo, movimiento y actividad, y es el único elemento que no existe de forma física natural en la Tierra. Solo existe consumiendo otros elementos, lo que representa la transformación de las sustancias elementales en cenizas, luz, calor y humo.

Cuando se trabaja con el fuego, hay que controlar el aspecto destructivo y potenciar el poder de limpieza. Piense en cómo los incendios controlados queman la maleza y despejan el camino para el nuevo crecimiento. Cuando usa el fuego en su magia, cura las viejas heridas y rompe los malos hábitos. Utilice sus hechizos para la purificación, el sexo y la curación de enfermedades y dolencias. El fuego da vida y hace que las cosas sean fructíferas, ya que consume la oscuridad y trae la iluminación celestial.

Conecte con el fuego para:

- **Iniciar un nuevo proyecto:** Cuanto más creativo, mejor. El fuego rige la pasión, la creatividad y el estímulo mental. Cuando cree algo, inmediatamente se enciende su pasión y le conecta directamente con el elemento.
- **Utilizar iluminación alternativa:** Cualquier tipo de luz alimentada por el fuego le ayudará a conectarse con éxito al elemento. Las velas, las lámparas de aceite y las velas de té son formas seguras de iluminar su hogar sin electricidad.
- **Ejercicio:** El fuego está directamente relacionado con el movimiento cardiovascular, así que haga bombear esos músculos del corazón. Hacer ejercicio, montar en bicicleta, nadar o incluso bailar le mantendrá en forma y hará que el elemento fuego recorra su cuerpo.

Elementos de fuego

Los elementales del fuego son espíritus de la naturaleza que existen en diferentes formas en algunos de los lugares más peligrosos de la Tierra. Pueden ser dragones que acechan bajo la tierra o rascacielos y hadas del fuego que viven en los volcanes. Las salamandras son el elemental más fácil de trabajar, y viven dentro de cada llama que se enciende. Son criaturas gentiles, delgados reptiles con aspecto de lagarto que se parecen a sus primos físicos que viven en los pantanos y otras zonas húmedas.

A las salamandras les encanta despertar sus sentidos espirituales para que puedan identificar las fuerzas que les rodean transmutando su ardiente energía natural. Cuando las evocamos, nos ayudan a encontrar nuestro mejor yo y a llenarnos de energía para hacer frente a la agitación interior y a los retos que se nos presentan en la vida. Invóquelos cuando necesite valor, autoconfianza y fuerza de voluntad. Le darán la patada en el trasero que tanto necesita para motivarse. Le ayudarán a fortalecer su campo áurico para que pueda ver con claridad lo que tiene delante y cortar con la basura.

Físicamente, fortalecerán su sistema inmunológico y mejorarán su circulación sanguínea si es débil. Invocar a las salamandras puede ayudarle a desintoxicar su cuerpo y su mente, a la vez que aumenta su ritmo metabólico.

Invocar a las salamandras para la superación personal

Busque un lugar tranquilo donde no le molesten y encienda una vela roja. Siéntese en el suelo o en una silla y comience su invocación.

- Gire la cara hacia la vela y respire profundamente. Visualice el símbolo tattwa de un triángulo rojo para invocar el fuego.
- Pida al fuego que bendiga sus intenciones y guíe su espíritu.
- Siéntase sintonizado con la llama, atraiga el calor hacia su alma y deje que fluya a través de usted mientras se hace uno con el fuego.
- Piense en su detrito espiritual. Deje ir toda su negatividad espiritual y sus emociones. Suéltalas en la llama y observe cómo se convierten en cenizas. Todas esas relaciones emocionales negativas deben ser cortadas, y las asociaciones negativas deben ser desechadas.
- Cada respiración que haga debe ser limpiadora y purificadora. Sienta que trasciende por encima de sus problemas y preocupaciones y que alcanza un plano superior.
- Pida a su guía salamandra que se dé a conocer ante usted y abra sus sentidos a su presencia. Sienta que emergen de la llama y sepa que están con usted.
- Pídales que le guíen sobre su salud, su vida, sus relaciones y su carrera. Sea curioso y pregúnteles sobre sí mismos y por qué han elegido aparecer ante usted.
- Es posible que las salamandras hayan percibido una necesidad en usted de la que no es consciente.
- Una vez terminada la comunicación, agradezca a las salamandras su ayuda y apague las velas.
- Tome un trago de agua fresca y relájese mientras contempla los mensajes que se le han dado y la energía que ahora posee.

Consagración de sus herramientas mágicas

Los elementos tierra y agua se utilizan para limpiar el entorno, mientras que el aire y el fuego consagran la herramienta y la hacen más poderosa y mágica. El empañamiento de las herramientas mejora su eficacia y las prepara para su uso.

La salvia para hacer vaho

Elija una habitación bien ventilada y asegúrese de abrir todas las puertas y ventanas. Esparza sal alrededor de la base de su altar y rocíe un poco de agua lunar o agua bendita para limpiar la zona.

Coloque los utensilios que desee consagrar en su altar. Tome un manojo de salvia y enciéndalo con una vela roja. A medida que el humo se acumule, espárcelo para cubrir las herramientas. Diga,

"Espíritus del fuego, les pido su bendición. Únanse a nosotros para santificar estas herramientas mágicas para hacer el bien y traer alegría al mundo".

Acuérdese de recoger las cenizas en un plato ignífugo mientras se quema el fardo.

Ahora, disperse el humo con los brazos o con una escoba. La energía estancada hará que nuestras herramientas sean ineficaces, así que asegúrese de despejarla toda. Entierre los restos de salvia en la tierra y guarde sus herramientas en un lugar fresco y seco para que conserven su fuerza.

Método sin humo

Si prefiere trabajar sin humo, pruebe este sencillo método de consagración.

Necesitará:
- Una vela blanca
- Agua
- Sal Marina
- Incienso

Forme un círculo y encienda la vela y el incienso. Ponga la sal en un cuenco y pase su herramienta elegida sobre la sal mientras dice, *"Consagro esta varita, mi herramienta de fuego de confianza, y la cargo con sus energías".*

Hágalo en los cuatro puntos cardinales de su espacio y llame a los guardianes que los vigilan. Cuando complete los cuatro puntos, póngase en el centro del círculo y eleve su herramienta hacia el cielo. Diga,

"Cargo esta herramienta con el poder de los antiguos, las deidades solares y el poder de la Luna. Consagro esta herramienta y la dedico a mis trabajos, la mantengo cargada y poderosa para poder

ayudar a la humanidad y traer alegría".

Hechizos y Rituales de Fuego

A veces personas o situaciones específicas pueden retenerle. No pueden ser disipadas con una simple limpieza porque están tan arraigadas en su psique, que necesitan una magia más fuerte para deshacerse de ellas. Los hechizos para cortar cordones están diseñados para ayudarle a separarse del trauma para que pueda reevaluar con una cabeza clara. Cuando corta cordones con fuego, puede ser difícil unirlos de nuevo, así que asegúrese de saber lo que está haciendo.

Lo que necesita:
- Cordón negro de 10 pulgadas
- Vela blanca o negra
- Candelabro
- Imágenes de usted y de la persona, cosa o lugar
- Papel y bolígrafo
- Cerillas
- Aceite de oliva

Coloque la vela en el candelabro y aderécela con el aceite y las hierbas secas que elija. Escriba los nombres de las personas implicadas, incluido usted mismo, junte los nombres y las imágenes y luego átelos a los extremos opuestos del cordón. Encienda la vela y visualice cómo será su vida sin el elemento negativo en ella. Imagine su corazón curado, feliz, libre de traumas y lleno de amor y positividad.

Utilice la llama de la vela para quemar el cordón y separarlos completamente. Respire profundamente y, con esa respiración, exhale cualquier sentimiento de resentimiento o tensión que aún sienta. Imagine que se alejan flotando y que abandonan su aura para siempre. Mientras la vela se consume, medite en su futuro y en cómo progresará a partir de ahora. Utilice la cera derretida para sellar la imagen y el nombre de su némesis antes de enterrarla en la tierra.

Puede adaptar este hechizo para desterrar a alguien en lugar de simplemente cortar la cuerda. Reemplace la vela blanca o negra con una púrpura, y cortará la persona u objeto de su vida completamente. Un hechizo de destierro solo debe ser utilizado como último recurso.

Hechizo de atracción

No es estrictamente magia de protección, pero todos nos sentimos más seguros cuando tenemos una relación sólida o nos sentimos parte de un equipo. El elemento fuego es particularmente efectivo cuando se usa en hechizos de atracción, así que ahora puede ser el momento adecuado para probar uno. Los hechizos de amor son algunos de los más incomprendidos en la magia, ya que no puede obligar a alguien a amarlo, pero puede atraerlo hacia usted. Lo que suceda después depende de las fuerzas naturales.

La atracción no es siempre sobre el amor o el romance. Puede atraer a alguien que será un amigo para toda la vida, o puede atraer nuevas oportunidades. Si usted se abre a todo lo que le llega, seguro que encontrará la felicidad.

Lo que necesita:
- Dos hojas de papel y un bolígrafo
- Recipiente ignífugo
- Cerillas
- Ralladura de una naranja o aceite esencial de naranja
- Frasco con cierre
- Cera

Establezca sus intenciones escribiendo el objetivo de su hechizo en la primera hoja de papel. Ahora, escriba la persona a quien se pretende atraer. La primera declaración funciona mejor si se escribe como una declaración de "quiero" que es concisa. El segundo enunciado puede ser el nombre de una persona o trabajo específico que desee o describir lo que está buscando. Piense en ello como un perfil de Tinder para la magia. Ahora, escriba su nombre en el papel por encima del objeto de su deseo conectándolo y atándolo a él.

Coloque ambas tiras de papel en un recipiente a prueba de fuego y préndales fuego. Las cenizas deben ser colocadas en un frasco que pueda ser sellado con cera. Coloque el frasco en su altar hasta que haya atraído lo que desea. Rompa el precinto y deje que las cenizas se dispersen con el viento si su mente o sus deseos cambian.

Hechizo de desbloqueo

A veces somos los únicos que impedimos nuestro propio progreso. Nos quedamos atascados en un círculo debido a la duda, la frustración o la falta de confianza. Un hechizo de desbloqueo despeja la niebla y nos permite progresar a mayores alturas.

Lo que necesita:
- Una vela blanca
- Clavo de olor
- Aceite de menta

En primer lugar, sostenga la vela y visualice lo que considera sus mayores obstáculos. ¿Qué le impide hacer las cosas? La duda, el miedo o la falta de confianza son los sospechosos habituales, así que transfiéralos a la vela. Visualice que se filtran en la cera y se convierten en parte de la vela. Al entrar, la vela se sentirá cálida y más grande de lo que era antes. Aderece la vela con el aceite y el clavo de olor y colóquela en un lugar seguro. Al encenderla, sienta que estas emociones y sentimientos negativos se disipan con el humo. Termine su ritual con un baño ritual de limpieza y sienta que la confianza y la fuerza regresan.

Realice el ritual menor del hexagrama (LRH) para obtener una protección extra

El Ritual

1. Póngase de pie con los dos pies colocados juntos. Su brazo derecho debe cruzar la parte delantera de su pecho mientras que el brazo izquierdo cae a su lado. Sostenga su herramienta preferida en la mano derecha con el vértice en posición vertical.

2. Invoque a las deidades de su elección, incluyendo a Virgo, el Sol y Osiris, mientras entona la fórmula mágica de su elección. Puede utilizar las palabras hebreas YO-NUN-RESH-YO, que se refieren a un ritual elemental solar o una alternativa cristiana.

3. Extienda los brazos para formar la señal de una cruz y diga: *"La señal de Osiris cuando yace muerto"* o su alternativa.

4. Levante el brazo derecho manteniendo el codo cuadrado y baje el brazo izquierdo de la misma manera. Eche la mirada por encima

del hombro izquierdo, de modo que la línea de los ojos siga el antebrazo izquierdo y diga: *"Isis está de luto".*
5. Ahora, mueva los dos brazos por encima de la cabeza, de modo que formen un techo, y eche la cabeza hacia atrás mientras dice: *"Apofis y Tifón, este es su signo".*
6. Cruce los brazos sobre el pecho y diga: "*Osiris ha resucitado*".
7. Repita el tercer movimiento y diga: "*Oh, luz de la cruz*" mientras avanza al sexto movimiento.
8. Ahora, tome su varita y cree el signo del hexágono de fuego mientras dice: *"AR-AR-ETA".*
9. Vuelva a trazar los vértices superiores de los dos triángulos equiláteros que forman el hexágono.
10. Ahora, invierta el símbolo del hexágono mientras repite el canto *"AR-AR-ETA".*
11. Repita la operación mirando hacia el este y el norte.
12. Cuando se haya completado, cada dirección debe contener un hexagrama inverso y otro invertido para proteger al practicante.

A medida que el ritual se repita y mejore, los hexagramas se cargarán más. Recuerde que cada par de hexagramas representa elementos, e irradiará el poder de cada uno. Medite y reflexione sobre lo que puede obtener de cada símbolo y conviértase en la encarnación de sus poderes conjuntos.

El ritual del pilar medio avanzado

Este ritual es una forma avanzada de limpiar los bloqueos en sus centros de energía y canalizar la positividad. Esto nos ayuda a conectar con los seres divinos y a comunicarnos con los planos astrales superiores. La cruz cabalística dicta cómo progresa el ritual y destaca la importancia de las esferas que coloca en varias partes del cuerpo. Una vez que comprenda el significado de los diferentes puntos, podrá personalizar el ritual para concentrarse en sus necesidades.

Las diez esferas de la cruz cabalística

1. Kéter, que significa corona, se sitúa en la parte superior de la cabeza
2. Jojmá, a la izquierda de Kéter, significa sabiduría
3. Biná, a la derecha, significa entendimiento

4. Chesed, en el hombro izquierdo, significa misericordia
5. Geburah, en el hombro derecho, significa la severidad
6. Tiféret, en el esternón, significa belleza
7. Netsaj, en la cadera izquierda, significa la victoria
8. Hod, en la cadera derecha, significa esplendor
9. Yesod, en la ingle, significa fundamento
10. Maljut, en la base de los pies, significa reino

La práctica imagina una luz espiritual brillante que viaja a través y dentro de las esferas para energizar al sujeto. La luz puede magnificarse utilizando los nombres de deidades o espíritus para alimentar el poder y aumentar las vibraciones espirituales. Puede crear su propio viaje a través de su cuerpo y visualizar una cornucopia de colores para complementar sus vibraciones vocales y su vocalización. Personalice este ritual limpiando su espacio sagrado antes de comenzar su viaje para estar seguro y mantener su canalización saludable.

Los nombres de las esferas pueden usarse para intensificar la experiencia, y los espíritus de los elementos le ayudarán a tener un buen desempeño. Utilice el ritual para crear energía y armonía entre sus esferas, y se llenará de positividad y paz.

Capítulo 7: Mantenerse a salvo en el plano astral

Viajar al plano astral es una de las cosas más emocionantes y satisfactorias que se pueden hacer, pero algunas personas no lo experimentan porque tienen miedo de lo que pueda pasar. Quizá suene peligroso, pero la verdad es que si sigue las reglas y lo hace correctamente, estará perfectamente a salvo. ¿Por qué negarse a sí mismo la experiencia si puede hacerlo de forma segura?

La proyección astral suele denominarse experiencia fuera del cuerpo o EFC. Es un concepto interesante que a menudo se asocia con las experiencias cercanas a la muerte. Si bien esto puede ser cierto, a la hora de decidir si abandonamos nuestro ser físico y viajamos más allá de los límites terrestres, nos preocupa más el viaje intencional. El viaje astral permite explorar el universo y el más allá y descubrir las maravillas que hay más allá de la imaginación.

Conceptos erróneos sobre el viaje astral

1. Le pueden matar cuando tiene una EFC: Simplemente no es cierto. No deja su cuerpo físico. Solo se separa de él. Solo puede morir cuando su ser físico expira, así que la única forma en que esto puede suceder es si su ser físico muere mientras tiene una EFC, entonces usted muere, y punto. Vale la pena señalar que es muy poco probable que su ser físico sufra daños cuando usted está lejos de él. El sistema de alarma natural se activará, y volverá de

sus viajes si su forma física se ve amenazada.
2. Perderse cuando viaja: Aunque el plano astral es vasto, más allá de nuestra comprensión, es imposible perderse allí. Cuando viaja por el éter, su alma nunca abandona su cuerpo. Cuando experimenta una EFC, hace una copia de sí mismo y la envía a explorar. Esto significa que su ser físico sigue siendo capaz de cuidar de sí mismo y registrar los acontecimientos terrenales, mientras que su facsímil es libre de descubrir las maravillas que se encuentran fuera de nuestro mundo.

Peligros reales del viaje astral

Por supuesto, cualquier cosa que hagamos tiene sus riesgos, pero pueden evitarse si empleamos las medidas de protección adecuadas. Saber lo que puede pasar si no nos preparamos es la mejor forma de protección, así que empezaremos por ahí.

1. **Posesión:** Cuando viaje, no estará solo. Algunas de las entidades que encuentre serán malignas, pero recuerde: usted tiene el poder. Cuando realice magia en el plano terrestre, sabe que puede ser objeto de ataques de energías negativas. El viaje astral no es diferente, pero la posesión solo puede ocurrir si usted invita a la entidad a entrar o es débil y tiene bajas vibraciones de protección. Siempre que sea firme con los espíritus, no podrán invadir su espacio personal.

2. **Tentaciones sexuales:** Es muy probable que se sienta tentado a relacionarse con entidades que parecen atrayentes y sexualmente atractivas. Estos tipos de demonios se conocen como súcubos e íncubos. Son seductores y saben cómo seducirle, pero debe resistir la tentación. Las interacciones sexuales pueden agotar su vitalidad, dejándole vulnerable y débil.

3. **Cansancio:** Aunque parezca que está dormido en el mundo físico, está gastando una energía valiosa cuando tiene una EFC. Esto puede repercutir en su vida habitual y dejarle cansado y estresado. No sacrifique su descanso por el viaje astral y solo inténtelo cuando sus niveles de energía sean altos. No viajaría en un coche cuando está agotado, así que no realice un viaje astral cuando esté fatigado.

4. **Salir de su zona de confort:** El viaje astral no es para novatos. Debe tener experiencia en prácticas mágicas y espirituales y un

profundo conocimiento de los tipos de seres que habitan los reinos. Pensar que solo se encontrará con espíritus afines es ingenuo y peligroso. El plano astral alberga diferentes formas de energía con una miríada de respuestas emocionales. Hay seres juguetones, y hay espíritus dañinos con muchas capas de intención que los separan.

Seres del plano astral

- **Celestiales:** Los ángeles, los guardianes y los espíritus guía forman la clase celestial, y son seres bondadosos que solo quieren ayudarle y protegerle.
- **Dragones:** Mientras que nuestra concepción de los dragones es la de enormes reptiles con dientes afilados y enormes alas, la versión astral es diferente. Pueden aparecer en cualquier tamaño o color y son reconocibles por su aliento ardiente.
- **Demonios:** Técnicamente, hay demonios en el plano astral porque la definición de demonios es una entidad o espíritu malo. Están interesados en usted porque proyecta energía que ellos buscan poseer. Los atraerá si entra en el reino con miedo, así que deje sus miedos atrás y simplemente manténgase fuerte. El plano astral está poblado por entidades mayoritariamente bien intencionadas que nunca intentarán hacerle daño. Los malos espíritus no le harán daño si no les teme.
- **Elementos:** Como hemos descubierto, todos los elementos tienen elementales, y los encontrará tan frecuentes en el plano astral como en la tierra. Salude a los duendes, sílfides, salamandras y ondinas a su paso.
- **Fiends:** Clasificados como seres hechos de energía negativa, estos individuos caóticos no le causarán más que dolor. Evítelos y estará bien.
- **Espíritus:** Las almas de los que han muerto en la Tierra vagan por los planos celestes. No les tenga miedo; son meras representaciones de sus antiguos seres.

1. **Abrumarse**: El viaje astral le abrirá los ojos. Verá cosas tan alejadas de lo que conoce que puede asustarse y entrar en pánico. Recuerde que puede volver a la seguridad de su ser físico cuando quiera, así que consuélese con ese conocimiento. Espere lo inesperado y podrá afrontarlo mejor. Nada puede prepararle para

lo que va a ocurrir, así que relájese, manténgase mentalmente fuerte y dé la bienvenida a la experiencia.

Otro error común de los principiantes es quedarse congelados al llegar al plano astral y permanecer en una posición. Empiece con instrucciones e intenciones sencillas y luego vaya aumentando la complejidad de las rutinas. Una de sus primeras intenciones podría ser "sobrevolar mi cuerpo y luego regresar" o "viajar a lo alto de mi casa y mirar el tejado". Objetivos sencillos y fáciles de alcanzar, pero que no dejan de ser asombrosos.

2. **Obsesión**: Al igual que todas las grandes cosas de la vida, usted puede verse consumido por el viaje astral. Las actividades pueden alcanzar un nivel obsesivo y apoderarse de su vida habitual. Al igual que un jugador de videojuegos puede perder horas tratando de escapar de la realidad, los viajeros astrales pueden perderse en su obsesión. Este no es un peligro real del viaje astral. Es algo que le ocurre a la persona que lo practica. Intente mantener un equilibrio entre sus dos realidades y recuerde que la vida real es más importante. El viaje astral debe ser una distracción y un placer. Si se convierte en algo más, tómese un descanso y vuelva en otro momento.

Afirmaciones positivas en los viajes astrales

Ya hemos aprendido lo importante que son las intenciones y las afirmaciones cuando se realiza magia y hechizos. Los mismos principios se aplican a los viajes astrales, y necesita declarar sus intenciones con firmeza y respaldarlas con afirmaciones positivas para mantenerse centrado y seguro.

Declare sus intenciones de tener éxito y acepte la experiencia que va a intentar. ¿Quiere volver a visitar algún lugar en el que ya ha estado, o tiene la intención de explorar más allá de sus límites normales? Solo usted sabe lo que espera conseguir, así que sus intenciones son un registro personal de sus pensamientos, esperanzas y sueños.

Las afirmaciones son diferentes. Son declaraciones de creencia, y pueden ser sus propios pensamientos, o puede utilizar mensajes originados por otras personas. Nos bombardean con afirmaciones todos los días de nuestra vida, aunque no siempre lo sepamos. Nuestros padres nos animaron con palabras y frases para transmitir lo que querían para nosotros y cómo esperaban que evolucionáramos. Los amigos, los profesores, los colegas y los compañeros son solo algunos ejemplos de personas que le habrán proporcionado afirmaciones y ánimos a lo largo de su vida.

Estos mensajes repetidos forman parte de nuestro subconsciente y desempeñan un papel fundamental en nuestra evolución. Determinan en qué tipo de personas nos convertimos y lo que conseguimos. Sin afirmaciones positivas en nuestra vida, seríamos más pesimistas y no lograríamos nuestros objetivos.

Cuando las afirmaciones se combinan con la intención y la acción, se vuelven aún más poderosas. Fomentan el crecimiento personal y nos enseñan a centrarnos en nuestras acciones en lugar de intentar influir en el comportamiento de otras personas. Este tipo de control nos ayuda a ganar confianza en nosotros mismos, fuerza interior y compasión por los demás. Estos rasgos le ayudan a convertirse en un individuo completo, preparado para todo y que sabe cómo alcanzar sus aspiraciones más salvajes.

Los mejores tipos de afirmaciones se escriben desde el corazón. Pueden utilizarse para identificar sus pensamientos negativos y autodestructivos y eliminarlos. ¿Qué le impide avanzar hacia cosas más grandes y mejores? Detecte lo negativo y utilice las afirmaciones para contrarrestar el efecto que tienen en su vida.

Cómo escribir afirmaciones positivas

- **Utilice un lenguaje con el que se sienta cómodo**: Imagínese diciendo la frase a los demás mientras la escribe. Las afirmaciones deben ser concisas, y la verborrea elaborada solo servirá para ofuscar su significado. Hágalas concisas y directas. Utilice palabras que le levanten el ánimo y le pongan de buen humor.

- **Manténgalas en tiempo presente**: Las afirmaciones le hablan en el momento. Puede utilizar fechas para confirmar cuándo quiere conseguir algo, pero su lenguaje debe estar situado en el presente, no en el futuro ni en el pasado.

- **Use un lenguaje positivo**: Utilice "estoy" o "estaré" en lugar de "no estaré" o "no estoy" para mantener una actitud positiva. Estas instrucciones están pensadas para animarle, no para criticar lo que puede o no puede hacer.

- **Utilice su nombre para personalizarlas**: Si se siente cómodo hablando de sí mismo en tercera persona, entonces hágalo. No es para todo el mundo, pero algunas personas consideran que utilizar su nombre refuerza e intensifica las afirmaciones.

Cómo utilizar sus afirmaciones

Hay muchas formas de incorporar afirmaciones a su vida, pero estas tres le darán una buena idea de lo sencillas que pueden ser:

- **Repetición:** Póngale música a sus afirmaciones para poder cantarlas en su cabeza siempre que quiera. Repítalas varias veces al día para aumentar su autoestima y su energía. Levántese cada mañana y dedique un minuto a decirlas en su cabeza. Lo que sea que funcione para usted, si sus afirmaciones se repiten, se beneficiará de ellas. Empezar y terminar el día con ellas pronto se convertirá en un hábito que le encantará.

- **Escríbalas en sus pertenencias:** ¿Qué tiene como protector de pantalla? ¿Una foto de su media naranja, una bonita foto de un gato o una foto aleatoria de sus vacaciones? Cambie esta imagen por una afirmación positiva o incluso una lista de ellas para recordarse lo mucho que debe esperar en el futuro.

- **Añádalas a la decoración de su hogar:** Entre en cualquier tienda de decoración y verá ejemplos de afirmaciones para el hogar. Obras de arte, marcos de fotos, cojines, mantas, ropa de cama y cerámica. Los ejemplos de afirmaciones para el hogar son infinitos. Aunque hayan sido escritas por otra persona, pueden servirle de inspiración.

- **Cree un tablero de inspiración:** Elija un espacio en el que pueda ver fácilmente su tablero y luego cúbralo con textos, citas, imágenes y afirmaciones que le hablen a su alma. Cree un semillero de fuerza espiritual que pueda utilizar siempre que necesite un impulso.

Ejemplos de afirmaciones para viajes astrales

- Elijo conscientemente viajar en el plano astral
- Voy a abrazar la experiencia y disfrutar de mi viaje
- Soy mucho más que mi cuerpo físico
- Doy la bienvenida a la oportunidad de viajar más allá de los límites terrestres

- Mientras duermo, soy completamente consciente de mis actividades y sé cómo mantenerme a salvo
- Tengo el poder de separar mi cuerpo físico de mi conciencia mientras duermo

Estas afirmaciones le ayudarán a reducir los niveles de miedo y a aclarar lo que espera conseguir. Visualice su cuerpo mientras se eleva y abandona su reino físico le ayudará a hacer más fuertes sus afirmaciones. Recuerde que usted es el autor de su propio destino, así que solo usted puede hacer que este esfuerzo sea exitoso.

Amuletos y talismanes mágicos

Los amuletos y los talismanes son utilizados indistintamente por los que no son magos, pero los que saben son conscientes de las diferencias. Los talismanes son objetos físicos que se cargan con energía mágica para atraer ciertas cosas al portador. Pueden estar cargados con intenciones que representan salud, riqueza, satisfacción laboral, amor, romance o prosperidad. Los amuletos se cargan con intenciones destinadas a proteger al portador de cualquier daño. Protegen contra los ataques psíquicos, los espíritus malignos y los accidentes físicos y espirituales, y se han utilizado durante miles de años en muchas culturas.

Pueden adoptar cualquier tamaño o forma, según las exigencias de la persona que los diseña. Algunas culturas exhibían enormes talismanes y amuletos en lugares públicos para demostrar sus creencias y proteger a la comunidad. Hoy en día, los usuarios de la magia prefieren crear objetos más pequeños y decorativos que puedan llevarse como parte de sus atuendos cotidianos.

Cómo crear objetos mágicos y cargarlos de energía

Primer paso: Defina el objetivo de su encanto

Sea específico pero breve. Elija objetivos positivos que se hayan asociado tradicionalmente a los talismanes durante generaciones.

Asociaciones de talismanes:
- Riqueza
- Suerte
- Prosperidad

- Fama
- Éxito
- Amor
- Romance
- Éxito en los negocios
- Nueva carrera
- Satisfacción laboral
- Éxito en las relaciones

Asociaciones de amuletos:
- Protección psíquica
- Seguridad
- Creación de un escudo psíquico
- Viajes seguros
- Protección para actividades mágicas

La mejor manera de recordar lo que representan es tomar las letras iniciales: la **A** de "amuleto" que significa "lejos" y la **T** de "talismán" que significa "hacia"

Segundo paso: Elija la forma

La forma que elija debe ser tanto práctica como estética. Si va a llevarlo consigo, debe ser pequeño y práctico. La mayoría de las formas elegidas son monedas, anillos, colgantes, collares, llaveros, pulseras, tarjetas decoradas y cuadros de material que han sido decorados con el tapiz.

Asegúrese de que el objeto se corresponda con su deseo en la medida de lo posible. Si quiere atraer la prosperidad, utilice una moneda o un billete para formar su talismán. Si no encuentra un objeto relevante, puede utilizar un disco metálico en blanco o un trozo de papel para inscribir sus intenciones.

Los amuletos protectores pueden hacerse con cualquier cosa, pero algunas piedras, cristales y símbolos son especialmente poderosos. Utilice estas ideas para inspirarse en lo que puede hacer con su amuleto:

- Los cristales y piedras protectoras incluyen el azabache, la amatista, la hematita, la malaquita, la turmalina negra, la piedra lunar, la labradorita fluorita, el cuarzo ahumado, el ámbar, la cianita azul y el ágata de fuego.

- Los sigilos y símbolos incluyen las runas, el ojo de Horus, Jamsa, Triquetra, el nudo de Inanna y el escarabajo. Investigue el símbolo o sigilo que le atraiga estética y espiritualmente, e incorpórelo a su amuleto.
- Los tótems y los animales guardianes, al igual que los elementales, pueden aportar sus poderes físicos en su ayuda para mantenerle a salvo en el reino espiritual y astral. Los lobos, los tigres, los leones, las águilas, los osos, los halcones, los perros y los gatos tienen cualidades individuales que puede utilizar en su amuleto.
- Las imágenes de su deidad favorita o de sus familiares pueden utilizarse para pedirles que le cuiden. Los amuletos que contienen recuerdos de los seres queridos que se han ido pueden ser poderosos y reconfortantes.

Los talismanes pueden llevarse simultáneamente como amuletos para proporcionarle una gama completa de protección y atracción. No se anulan entre sí, y sus poderes pueden complementarse. Su amuleto despejará el camino para que su talismán atraiga con mayor fuerza.

Elija sus talismanes en función de su imaginación y sus preferencias:
- Piedras y cristales para aumentar y atraer intenciones, incluyendo amatista, cuarzo rosa, pirita de hierro, ojo de tigre, hematita, esmeralda, ágatas, turmalina, shiva lingams y cornalinas. Estas piedras y cristales sanarán su cuerpo mientras atraen el amor, la prosperidad y la felicidad a su vida.
- Los sigilos y símbolos que incluyen el yantra Kibera, Laksmí, Ganesh, la runa Fehu, Oshun y Maneki neko representan las diferentes religiones y culturas que creen firmemente en la ley de la atracción.
- Las imágenes de los dioses y las diosas mejorarán su talismán y le aportarán diferentes intenciones para sus necesidades individuales. Afrodita atrae el amor y la pasión, Cupido, Andrius y Yebisu traen suerte, y Ganesha y Freya representan la fertilidad y la abundancia. Thor representa el poder y Odín la sabiduría.

Cómo cargar su amuleto o talismán

- Una vez que haya determinado cuál es su pieza, un amuleto o talismán, es el momento de cargarla con la energía correspondiente. Limpie el objeto con una salpicadura de salvia o enterrándolo en un cuenco de sal durante una hora para que esté limpio y listo para la carga.

- Programe su ritual para que se corresponda con su intención. Por ejemplo, si desea atraer el amor o la pasión, cargue su talismán en la próxima luna llena. Para alejar el mal, elija la próxima luna menguante.
- Sostenga el objeto en sus manos y visualice cuál es su intención. Durante quince minutos, dirija su energía e intención hacia el objeto y mantenga la visualización todo el tiempo que pueda.
- Ahora, déjelo fuera durante la noche para que se impregne de los rayos de la luna.
- Cuando recoja el objeto por la mañana, recuerde cuál es la intención antes de ponérselo.

Sus objetos sagrados deben ser recargados mensualmente para mantener los niveles de encantamiento altos.

Capítulo 8: Cómo pueden protegerle los grimorios

¿Qué es un grimorio?

La definición simple de grimorio es un libro mágico que contiene hechizos, rituales, ingredientes y su uso, oraciones, conjuros, técnicas de adivinación y otra información mágica. Pueden ser libros antiguos escritos por figuras históricas importantes, o libros escritos por brujas modernas que practican en la actualidad.

El nombre tiene su origen en la lengua francesa y es una antigua grafía de la palabra "grammaire" que reconocemos como gramática en inglés. El diccionario define un grimorio como un manual de mago que puede invocar a los muertos y a los demonios. En realidad, la mayoría de los grimorios son mucho más detallados que eso, y usted puede elegir cuán complicados y profundos quiere que sean sus conocimientos.

Los grimorios pueden estar llenos de información y contener cientos de páginas, o pueden ser breves folletos relacionados con ciertos trabajos y prácticas mágicas. Antes de la invención de la imprenta, la magia de prensa se compartía de boca en boca o mediante textos escritos a mano que se pasaban de una persona a otra. Algunos grimorios antiguos han sobrevivido a lo largo del tiempo y han proporcionado una visión fascinante de cómo evolucionaron la brujería y las prácticas mágicas.

Uno de los principales ejemplos de grimorio que todavía se considera relevante hoy en día es la llave de Salomón. Se sigue estudiando hoy en día y se ha convertido en uno de los grimorios más populares de la Edad Media. La llave de Salomón está dividida en dos libros que tratan de los sellos y pentáculos asociados a los ángeles, demonios y otros espíritus y la conexión con ciertos planetas y energías solares.

La llave de Salomón

El libro 1 contiene los sellos y pentáculos de Salomón con instrucciones sobre su uso. Pueden ser utilizados por el operador (también llamado exorcista) para convocar a los espíritus de los muertos y obligarlos a hacer su voluntad. Los hechizos y conjuros se utilizan para encontrar objetos perdidos, cómo hacerse invisible, buscar el éxito y encontrar el amor. Todos los pentáculos enumerados en el libro tienen cierta relevancia que los lleva a diferentes prácticas mágicas.

Los pentáculos de Salomón

Los pentáculos del Sol tienen siete diseños diferentes que se asocian a ellos:

1. El primer pentáculo contiene el rostro de Shaddai el todopoderoso y del ángel Metatrón, que tienen poder sobre las criaturas de la Tierra, y puede utilizar este pentáculo para controlar los animales y la naturaleza.
2. El segundo pentáculo representa el orgullo y la arrogancia de aquellos que se oponen a los deseos del usuario. Utilícelo para silenciar a las personas que quieren dominarle.
3. El tercer pentáculo del sol se utiliza para invocar el poder de las doce tribus de Israel.
4. El cuarto pentáculo da al usuario el poder de ver a los demás tal y como son. Los espíritus pueden discernir incluso las partes más ocultas de la mente y el corazón de alguien y revelarlas al operador.
5. El quinto pentáculo permite al operador viajar largas distancias en poco tiempo. También da el poder de ver el futuro o el pasado proporcionando visiones en forma de sueño.
6. El sexto pentáculo ofrece al usuario el poder de la invisibilidad, permitiéndole moverse entre los demás sin ser visto.
7. El séptimo pentáculo libera al usuario de las ataduras y cerraduras que lo atan.

Los pentáculos lunares tienen seis diseños diferentes que se asocian a ellos:
1. El primer pentáculo tiene la imagen jeroglífica de una puerta y tiene el poder de desbloquear cualquier puerta o portón que retenga al usuario. Este primer sello es la clave para desbloquear el poder de todos los sellos, concediendo al usuario el acceso a todos los poderes resultantes de la eliminación de todas las obstrucciones.
2. El segundo pentáculo protege al usuario de todos los riesgos y peligros relacionados con el agua. Los fenómenos naturales como los huracanes, los tsunamis y las tempestades están asociados a la Luna, por lo que este pentáculo le otorga el poder de calmarlos y evitar que dañen al usuario.
3. El tercer pentáculo protege contra los ataques que se producen de noche y sobre el agua. Disipa el poder de los espíritus malignos que acechan las visiones y los sueños de los usuarios.
4. El cuarto pentáculo protege al usuario de todas las lesiones tanto en el cuerpo como en el alma.
5. El quinto pentáculo protege al usuario de las pesadillas y le ayuda a encontrar la respuesta a sus preguntas a través de sus sueños.
6. El sexto pentáculo es un poderoso talismán para atraer la lluvia y el agua a las personas y lugares que lo necesitan.

Los pentáculos de Mercurio tienen cinco diseños diferentes asociados:
1. El primer pentáculo se utiliza para invocar a los espíritus que habitan en el firmamento inferior y custodian los conocimientos y trabajos más profundos de la magia. Tienen una profunda asociación con los espíritus elementales y los guardianes de la naturaleza.
2. El segundo pentáculo tiene el poder de cumplir deseos que están más allá del reino de las posibilidades. También puede utilizarse para proteger a las mujeres embarazadas y al feto que llevan dentro.
3. El tercer pentáculo invoca a los espíritus responsables de la creatividad y las habilidades literarias. Puede ayudar a los escritores, a los poetas y a los autores a mejorar sus habilidades y a impresionar a los demás. También es el pentáculo asociado a los alquimistas y puede proporcionar al operador secretos y

conocimientos de reinos ocultos y cómo cruzar a ellos.
4. El cuarto pentáculo puede ayudar al operador a leer la mente de otras personas y penetrar en sus pensamientos ocultos. Dentro de este pentáculo hay sabiduría y virtud que conducen a una pieza de mayor conocimiento y percepción.
5. El quinto pentáculo abre todas las puertas y elimina los obstáculos. Permite al operador levantar la cabeza y saludar al rey de la gloria.

Los pentáculos de Venus tienen cinco diseños diferentes asociados:
1. El primer pentáculo está regido por los ángeles de Venus, que disminuirán el poder de los falsos profetas y disiparán sus pensamientos e influencias. También trabajan con el operador para manifestar sus deseos y esperanzas.
2. El segundo pentáculo dota al operador de amor y pasión. Atrae toda clase de gracia y honor e inspira al operador a vivir una vida justa y honorable llena de amor y respeto.
3. El tercer pentáculo atrae el respeto y el amor al operador. Le da el poder de reproducirse y llenar la tierra de amor y admiración.
4. El cuarto pentáculo se utiliza para inspirar lujuria y deseo hacia el operador. Tiene el poder de atraer y encantar a otros y atraerlos hacia el operador. También da el conocimiento de cómo disipar tales encantos cuando es el momento adecuado.
5. El quinto pentáculo atrae a la gente al círculo social del usuario. Hace que el operador sea inexplicablemente atractivo para los demás, y son como polillas a la llama.

Los pentáculos de Marte tienen siete diseños diferentes que se asocian a ellos:
1. El primer pentáculo ayuda a adquirir valor y fuerza para la batalla. Sirve para que todo tipo de guerreros se llenen de entusiasmo y superen todas las barreras físicas para convertirse en combatientes consumados en todos los campos de actuación.
2. El segundo pentáculo tiene poder para luchar contra las enfermedades y curar todo tipo de dolencias. El pentáculo debe utilizarse cuando hay una amenaza de muerte para preservar la vida.
3. El tercer pentáculo se utiliza para incitar a la ira y a la discordia, entre otras cosas. Está potenciado con el conocimiento y la fuerza para animar a aquellos que se esconden tras el velo de la religión

para hacerte daño y mostrarle sus verdaderos colores. Defiende al operador con fuerzas mágicas y físicas para subyugar a los espíritus malignos y oscuros que amenazan con atacar.

4. El cuarto pentáculo otorga al operador una gran virtud y reivindicación en la batalla. Libera una fuerza que puede ser utilizada para demoler a cualquier adversario y someter a las fuerzas demoníacas que son enviadas para destruirnos.
5. El quinto pentáculo tiene el poder de literalmente "quitar el aliento" a sus adversarios. El mal se aterroriza al ver este pentáculo y retrocederá, derrotado por su poder.
6. El sexto pentáculo es el escudo definitivo contra el mal. Tiene una cualidad defensiva tan fuerte que puede rechazar cualquier invasión mágica o psíquica. Invoque este pentáculo cuando todos los demás recursos se hayan agotado.
7. El séptimo pentáculo tiene el poder de hacer caer las fuerzas más poderosas de la naturaleza sobre las cabezas de sus enemigos. Hiere con lluvia, granizo y fuegos ardientes por el calor del Sol o la fuerza del viento hasta que yazcan rotos y derrotados por la naturaleza.

Los pentáculos de Júpiter tienen siete diseños diferentes que se asocian a ellos:

1. El primer pentáculo atrae la riqueza y el éxito a los negocios. Parasiel, el señor de los tesoros, aparece en el pentáculo y rige el poder de la riqueza y la gloria.
2. El segundo pentáculo trae al portador el éxito y la riqueza acompañados de la paz mental. Lo utilizan las personas que se sienten incómodas con la riqueza o el éxito repentinos, y puede ayudar a aportar una sensación de aceptación y bienestar. Crea una quietud interior que promueve el sentimiento de derecho a su éxito.
3. El tercer pentáculo ayuda al usuario a proteger su hogar y mantenerlo libre de espíritus malignos y oscuros. El pentáculo también tiene el poder de enviar bendiciones de luz a las personas que están lejos.
4. El cuarto pentáculo fomenta la atracción de la abundancia y la riqueza hacia el portador. El portador puede esperar que se manifieste mucha riqueza y éxito junto con el poder de mantener

sus niveles de prosperidad.

5. El quinto pentáculo anima al usuario a conectarse con el universo y a convertirse en receptor de visiones. Le da el poder de alinear sus visiones con las que residen en diferentes reinos y combinar el conocimiento que recibe.
6. El sexto pentáculo debe ser utilizado por las personas que se sienten vulnerables y en riesgo de las fuerzas oscuras. Les da el poder de recargarse y utilizar los elementos de la naturaleza para protegerse.
7. El séptimo pentáculo disipa las causas de la pobreza y las privaciones. Aleja a los espíritus que custodian las fortunas y las hace descubribles para los mortales. Tiene el poder de sacar a las personas del fango y convertirlas en miembros funcionales de la sociedad. La invocación de este pentáculo ayudará a los que han perdido un trabajo o se han encontrado empobrecidos.

Los pentáculos de Saturno tienen siete diseños diferentes asociados:

1. El primer pentáculo es de gran valor para infundir terror en los corazones de los espíritus. Utilícelo para protegerse y hacer huir a los seres malignos.
2. El segundo pentáculo hará que sus enemigos se avergüencen y los despojará de su orgullo.
3. El tercer pentáculo habla directamente de la esencia de Saturno y debe ser invocado por la noche o con la máxima potencia. Utilícelo para conectar con la energía de Saturno y librarse de la decepción y la desesperación.
4. El cuarto pentáculo rige el poder de la destrucción y el caos. Sirve para conectarte con espíritus que tienen noticias e información que ayudarán a sus trabajos mágicos.
5. El quinto pentáculo remueve los espíritus que guardan tesoros. Estos pueden ser tesoros físicos o espirituales dependiendo de sus necesidades. Invóquelos y acceda a lo que necesita.
6. El sexto pentáculo es una poderosa herramienta para pronunciar el nombre de quien desee que sea poseído por los demonios. Los espíritus tienen el poder de hacer que sean poseídos por los demonios, por lo que no suponen una amenaza para usted o su familia.

7. El séptimo pentáculo tiene el poder de invocar terremotos y hacer que el mundo tiemble con fuerza.

Estos pentáculos o sellos pueden invocarse utilizando salmos de la Biblia, pero algunas personas prefieren utilizar métodos más modernos para activar sus pentáculos con textos de diversas creencias. Lo más importante es recordar que usted es la persona a cargo, y usted decide lo que funciona para usted.

La historia de los textos salomónicos

Los libros datan del siglo XIV o XV y supuestamente fueron escritos por el rey Salomón, también llamado Jedidiah, un rey fabulosamente rico y sabio cuyas hazañas se recogen en el Antiguo Testamento. Varias versiones de las enseñanzas de Salomón aparecieron en la misma época en la que la magia del renacimiento estaba cobrando mayor importancia.

El rey Salomón es uno de los 48 profetas hebreos, pero la historia lo ha elevado a profeta mayor de Dios, que era el guardián del mayor conocimiento sobre el mundo sobrenatural y las entidades que lo habitan. Este conocimiento le fue dado por un ángel enviado por Dios, que era considerado el representante del altísimo. El rey Salomón fue el primer mortal ordenado por Dios para compartir su sabiduría divina sobre las energías esotéricas y etéreas y sobre cómo identificar las formas cósmicas de la existencia.

Las llaves de Salomón es una guía completa de las conexiones mágicas entre los planetas, el dios todopoderoso y las energías que nos unen a todos. Solo hemos tocado brevemente el contenido para estudiar cómo los pentáculos pueden formar parte de nuestra protección, pero las llaves de Salomón contienen tanta información que se necesitan años de estudio para comprenderlas. Son la fuente del conocimiento espiritual y nos ayudan a comprender cómo la luz vence a la oscuridad al igual que la sabiduría reina de forma suprema.

Activar su pentáculo

Hay algunas cosas que hay que tener en cuenta a la hora de preparar el pentáculo para su uso. En el pasado, los sellos se fabricaban con el metal específico de la asociación planetaria de la que procedía. Sin embargo, ahora podemos ser más flexibles con los materiales que utilizamos. Las brujas modernas utilizan los colores, los días y las horas pertinentes para preparar sus pentáculos, pero utilizan otros materiales para producir el pentáculo. Una imagen impresa del pentáculo no es tan tradicional, pero es más fácil de producir y más práctica. Nadie espera que utilice los metales tradicionales, ya que pueden ser difíciles de conseguir, especialmente el mercurio, ya que es venenoso.

Conocer los días y los colores apropiados le ayudará a preparar la consagración del pentáculo elegido.

> La Luna se asocia con el lunes, el plateado, y la plata
>
> Mercurio se asocia con el miércoles, los colores mixtos y el mercurio
>
> Venus se asocia con el viernes, verde y cobre
>
> El Sol está asociado con el domingo, amarillo y oro
>
> Marte se asocia con el martes, el rojo y el hierro
>
> Júpiter se asocia con el jueves, el azul y el estaño
>
> Saturno se asocia con el sábado, el negro y el plomo

El ritual de consagración

Prepárese tomando una ducha o un baño ritual. El peticionario será mejor recibido por los dioses cuando esté limpio tanto física como espiritualmente. Póngase presentable ante las deidades, y ellas le verán con buenos ojos.

Petición a los dioses

Tome una hoja de papel y dibuje con un rotulador dos círculos correspondientes al pentáculo planetario que haya elegido, por ejemplo, tinta negra para Saturno y tinta roja para Marte. Invoque al dios que representa su intención. Algunas personas utilizan los dioses de origen egipcio, griego o hebreo, mientras que otras prefieren los dioses más contemporáneos. Investigue sus opciones para obtener mejores resultados.

Los dioses que castigan el mal pueden ser Ganesha, Hánuman, Murugan y Shiva

Los dioses que otorgan misericordia pueden ser Anubis, Dagda, Govinda y Vishnu

Los dioses que otorgan bendiciones pueden ser Sunna, Osiris, Krishna y Eros

Coloque la imagen de su(s) pentáculo(s) elegido(s) en el círculo doble.

Mire hacia el este y purifique sus pentáculos y séllelos con el humo de una varilla de incienso. La mirra, el incienso, el cedro o el romero funcionan bien.

Lea sus salmos u oraciones favoritas mientras limpia los pentáculos. Elija las lecturas que correspondan a su intención y deseos.

Componer un hechizo oratorio

Hay un texto fijo en el capítulo ocho de la llave de Salomón, pero es bastante rígido y se basa en figuras bíblicas, como Moisés y Abraham. Esto está bien si usted es cristiano, pero los pentáculos funcionan para todas las religiones y creencias. Su oración puede incluir sus creencias, sus dioses y su fuerza interior.

Una vez que haya terminado la oración, sostenga el pentáculo en su mano izquierda y recite un salmo o su propia oración para activar el sello listo para su uso.

Los pentáculos pueden recargarse en los días que los representan y deben ser ungidos y bendecidos al menos una vez a la semana.

Cree su propio grimorio

Ya hemos hablado de lo importante que es llevar un diario de sus prácticas mágicas porque necesita saber cómo está progresando. El concepto wiccano del grimorio tradicional se conoce a menudo como libro de las sombras, pero los principios son los mismos. Puede incorporar su diario a un grimorio moderno, o puede mantenerlo por separado; la elección es suya.

Cada mago es diferente, y su grimorio lo reflejará. Los siguientes son algunos ejemplos de lo que podría incluir:

- Fases de la Luna y cómo afectan a sus hechizos
- Hechizos de limpieza
- Los encantamientos y su poder
- Las hierbas y su uso
- Los cristales y su poder
- Hechizos de atracción
- Cómo utilizar las cartas del tarot en la magia
- Cómo invocar a los elementales
- Pociones para el amor, la riqueza y el destierro
- Leyes de su tradición

- Dioses y diosas
- Cómo preparar las herramientas mágicas
- La dedicación utilizada por su aquelarre
- La rueda del año y lo que significa para los hechizos que usted hace
- Textos sagrados y alfabetos

La lista es interminable, y puede hacer que su libro sea tan diverso como quiera. Utilice ilustraciones y texto para convertirlo en un diario personal de su magia. Utilice una carpeta de tres anillos para que pueda crear secciones y mover su información a diferentes secciones. La magia es como cualquier otra forma de aprendizaje: es fluida y necesita crecer. Su grimorio debe estar lleno de sus experiencias e información para que pueda recurrir a él siempre que necesite ayuda e inspiración.

El grimorio debe aumentar de tamaño a medida que crece en experiencia y confianza. Considérelo un diario con una sección de referencia que le ayude cada día. Su grimorio debe guardarse en un lugar seguro donde otras personas no puedan acceder a él ni ver su contenido.

Capítulo 9: Protección angélica

Los ángeles y arcángeles han guiado y protegido a los humanos desde el principio de los tiempos. La mayoría se representan como seres etéreos vestidos con túnicas blancas e impresionantes alas. Estas imágenes pueden tener su origen en las deidades griegas como Nike y Eros, pero casi todas las culturas del mundo tienen alguna forma de ser angélico cuyo trabajo es transmitir mensajes entre el reino divino y el físico.

Las sociedades primitivas solían representar a seres de aspecto animal que rondaban entre los dos reinos. Las culturas indígenas solían creer que los espíritus de los animales y los humanos se convertían en mensajeros benditos y espíritus guardianes. Construían tótems y otras imágenes simbólicas para celebrar su asociación con estos seres angelicales.

El mundo antiguo prefería que sus mensajeros adoptaran una forma parecida a la de los dioses y que se les encomendaran tareas específicas y áreas de especialización. Aunque algunos se representaban con alas, no eran ángeles propiamente dichos, sino más bien dioses que llevaban mensajes.

Religiones orientales

El hinduismo y el budismo tenían facilitadores espirituales conocidos como Devas, que habitaban el plano superior, pero podían interactuar con los mortales. Es más probable que monten carros encantados o caballos en lugar de volar, ya que no tienen alas como la mayoría de los seres angelicales. Los budistas creen que la comunión con los Deva solo es posible para aquellos que están totalmente despiertos espiritualmente.

Los tennin eran criaturas parecidas a silfos en Japón y China, vestidos con kimonos de colores brillantes con adornos de plumas. Existen en los cuentos en los que visitan la Tierra, se enamoran de un humano, se casan con él y luego regresan a su propia realidad después de que se descubra su identidad. Los sintoístas creen en los kami, o espíritus asociados a fenómenos naturales como los ríos y los cañones.

Cristianismo

La representación de los ángeles tal y como los conocemos con personalidades y poderes humanos para ayudarnos a vivir una vida mejor se originó en el cristianismo. El arte religioso de los mosaicos encontrados en las catacumbas forma algunas de las primeras imágenes de seres alados junto a aves que se comunican con Dios. El arte barroco de los techos embelleció aún más la imagen con rasgos faciales definidos y cuerpos bien esculpidos.

Entre finales de la década de 1550 y la de 1700, los ángeles se convirtieron en temas populares para los artistas europeos de la época. El arte estaba inseparablemente ligado a la Iglesia católica, que utilizaba la obra de los artistas para promover la opulencia y la riqueza de la organización. Los temas incluían a menudo a la Virgen María, los santos y las historias de la Biblia, por lo que la inclusión de los ángeles era una progresión natural.

Invocación de ángeles y arcángeles

Cuando necesite ayuda de lo alto, a veces basta con una simple oración que salga del corazón. Ellos están siempre a la escucha y acudirán en su ayuda siempre que lo necesite. Pero, ¿y si necesita una ayuda específica y busca una conexión más intensa? Si desea mejorar su vida involucrando a la hueste celestial, ¡tiene que pedirlo! Puede esperar a que aparezcan por su propia voluntad, pero acelerar el proceso le ayudará a sentirse con poder y control. Todos los ángeles y arcángeles tienen poderes específicos, por lo que puede dirigirse a los que considere más útiles.

Los seres angélicos son benévolos y están deseosos de ayudar a los humanos. Nos basamos en la teología cristiana, pero también está respaldada por enseñanzas más arcanas como la cábala, donde los ángeles forman parte del árbol de la vida y los demonios residen en el árbol del conocimiento. Ambos tipos de espíritus tienen atributos que pueden mejorar nuestra vida y ayudarnos a mejorar.

Comprender la diferencia entre un ángel y un ángel de la guarda

Los ángeles de la guarda son la entidad benévola más elevada aparte de Dios mismo. Invocarlos es un proceso largo y difícil y solo debe ser realizado por magos expertos. Existen rituales para invocarlos, pero son peligrosos y tardan años en completarse. Aunque los ángeles y arcángeles parecen seres elevados, y lo son, son mucho más accesibles para los simples humanos. No hay que confundir a los ángeles de la guarda con los espíritus guardianes, que son mucho más accesibles.

¿Qué hacen los arcángeles?

En la mayoría de las enseñanzas hay 17 arcángeles, pero algunas religiones creen que hay más. Aunque la Biblia solo se refiere a los arcángeles dos veces en las escrituras, tienen poderes inimaginables que pueden ayudar a la humanidad a luchar contra el mal y los demonios.

Los arcángeles fueron creados para supervisar las huestes celestiales y guiarlas en su constante lucha con la guerra espiritual. Los arcángeles están en todas partes, y una vez que acepte su presencia, puede comenzar a cosechar las recompensas de sus bondades.

¿Quiénes son los arcángeles?

Arcángel Miguel

El principio de la luz. La mayoría de la gente cree que es la mano derecha de Dios y su principal protector. Miguel es un matadragones y el campeón de los cielos, que le protege de los ataques psíquicos y de los desechos astrales. Cuando llegue el día del juicio final, es el encargado de pesar las almas humanas para determinar si pasarán a la eternidad.

Arcángel Gabriel

Más conocido por su papel en la transmisión del mensaje de Dios a María, Gabriel es el jefe de comunicaciones que puede ayudarle a recibir y comprender los mensajes de la divinidad. Llámelo cuando necesite ver las cosas con claridad y estar en comunión con los seres superiores.

Arcángel Metatrón

El ángel de la vida. Le ayudará a elevar sus vibraciones y a tomar decisiones importantes. Es el ángel que registra los acontecimientos celestiales y es increíblemente organizado y tranquilo. Ayuda a los niños a realizar esa problemática transición de la infancia a la edad adulta.

Arcángel Rafael

El ángel de la curación. Es el patrón de los enfermos y trabaja estrechamente con personas relacionadas con la industria médica. Su compasión y su lado bondadoso le permiten ayudar en todo tipo de traumas: físicos, emocionales y espirituales. Rafael se ocupa de los niños enfermos y les ayuda a encontrar alivio. Si se enfrenta a cualquier tipo de enfermedad o necesita orientación, pídale ayuda.

Arcángel Ariel

El león de Dios. Es el guardián de los animales heridos y los curará y protegerá de más daños. Supervisa el mundo natural y le ayudará a superar cualquier trauma asociado a los desastres naturales. Si siente afinidad con la naturaleza y le apasionan los temas medioambientales, pida el favor de Ariel.

Arcángel Haniel

Es la protectora de las almas y le ayudará a mejorar sus habilidades de comunicación espiritual. Haniel está especialmente en sintonía con las energías femeninas y puede ayudar a las mujeres a encontrar alivio cuando están experimentando sus ciclos mensuales. Haniel puede ayudarle a conseguir poderes de clarividencia y a cumplir su propósito superior. No dude en llamarla; le encanta ayudar.

Arcángel Jofiel

La belleza de Dios. Jofiel es el ángel de la belleza y la sabiduría. Está bendecida con energía de alta vibración y trabaja con almas creativas para encontrar su musa e inspiraciones creativas. Si está experimentando pensamientos caóticos o emociones negativas, Jofiel puede traer calma y tranquilidad a su vida. Si se siente perdido, invoque a Jofiel para que le guíe con seguridad a casa.

Arcángel Muriel

El perfume de Dios. Muriel es una entidad de apoyo que está en sintonía con las emociones y sabe intuitivamente cuándo la gente necesita compasión. Está bendecida con fuerza emocional y se le puede pedir ayuda cuando uno duda de sí mismo y necesita orientación. Es un alma compasiva que le escuchará y le dará la ayuda que necesita.

Arcángel Uriel

El fuego de Dios. Uriel es el serafín iluminado que está al lado de Dios e ilumina el camino de la comprensión espiritual. Se le considera uno de los arcángeles más sabios y tiene el oído del propio creador. Si busca elevar sus vibraciones personales o estar más en sintonía con el reino de los espíritus, acuda a Uriel en busca de su ayuda y guía. Él le ayudará cuando se encuentre perdido y confundido porque es la luz que penetra incluso en el lugar más oscuro.

Arcángel Azrael

El ángel de la muerte. Aunque su asociación con la muerte puede parecer siniestra, recuerde que espiritualmente la muerte representa el renacimiento, así como los finales mortales. Azrael le ayudará si ha experimentado un duelo o si se está preparando para perder a alguien. Él le hará pasar por los momentos difíciles y le dará el apoyo necesario para resurgir, renaciendo tras su pena y su dolor. Invóquelo para fortalecer sus oraciones o meditaciones.

Arcángel Zadkiel

El ángel del perdón y la misericordia, Zadkiel, tiene el poder de ayudarle a superar períodos difíciles de su vida. Le enseña a purgar la negatividad de su espíritu para que pueda seguir adelante sin que le retengan las ataduras del pasado. Si tiene problemas para perdonar a las personas que le han hecho daño, Zadkiel le ayudará a resolver sus emociones.

Arcángel Chamuel

El ángel de las relaciones pacíficas. Si le cuesta encontrar su lugar en el mundo, llame a Chamuel para que le inspire a establecer conexiones y vínculos sólidos. Chamuel es el experto en paz interior y sabe cómo conectarle con los seres divinos para que pueda crecer y fortalecerse espiritualmente. Sabrá cuando ha escuchado su llamada de auxilio cuando sienta una sensación de mariposa en sus entrañas.

Arcángel Jeremiel

El ángel de la presencia. Jeremiel fue uno de los siete arcángeles originales elegidos por Dios para servir a la humanidad, por lo que tiene un sentido innato de cómo funciona la humanidad. A diferencia de sus otros arcángeles, no se comunica directamente con los humanos. En su lugar, utiliza símbolos, imágenes mentales, visiones y sueños. Es la cara misericordiosa de los seres divinos y trabajará incansablemente para ayudarle a tomar conciencia del poder de sus emociones y pensamientos. Traduce los mensajes del éter en imágenes y sueños relacionables para que pueda entender incluso las instrucciones más complejas.

Arcángel Raziel

El ángel de los secretos. Raziel entiende que los mortales necesitan comunicarse con Dios, y está de acuerdo en que los otros ángeles deben trabajar para que eso ocurra. También entiende que si Dios es demasiado accesible, pierde parte de su poder. Raziel es el guardián del enigma cuando se trata de Dios, y guarda su lugar con honor. Eso no significa que no vaya a trabajar con nosotros, solo que lo hace en silencio y de forma encubierta. Pídale ayuda a Raziel, y él le ayudará, aunque usted no sea consciente de su presencia. Le hará hacer el trabajo y aprender de sus errores, pero siempre se asegurará de que cada esfuerzo sea recompensado con poder psíquico.

Arcángel Sandalfón

El guardián de la naturaleza. Cuando se trata de la humanidad, Sándalo, uno de los arcángeles más tolerantes, es amable y paciente. Está acostumbrado a interactuar con los animales y la naturaleza, por lo que entiende que algunas personas se sientan aprensivas. Su actitud realista le hace más accesible y suele ser el primer arcángel al que la gente invoca.

Arcángel Sachiel

El ángel del éxito. Sachiel es un ángel misterioso y ha mantenido su luz oculta durante generaciones, pero ahora está más conectado con la Tierra y los humanos. Ayuda a las personas a alcanzar el éxito, lo que puede conducir a ganancias materiales y riqueza. Puede pensar que es un camino extraño para los seres angelicales, pero los ángeles saben que ser recompensado por el esfuerzo no es un pecado. Sachiel está asociado con el planeta Júpiter que representa el crecimiento, la evolución y los riesgos. Todos estos elementos son necesarios para que el éxito y la expansión sigan.

Arcángel Orión

El ángel de la manifestación. Llamado así por Orión, una de las estrellas más brillantes del universo, se puede pensar que este arcángel es ostentoso y brilla en el firmamento. Todo lo contrario. Cuando Orión está cerca, emite una vibración de bajo nivel, pero le animará a resolver sus conflictos internos y a realizar sus sueños.

¿Quién puede beneficiarse de los Arcángeles?

Los arcángeles no se preocupan por su afiliación religiosa. Se dedican a ayudar a todas las personas, no solo a los cristianos. Desde el principio de los tiempos, su poder ha existido, y las visitas celestiales llegan a quienes las necesitan. Nunca le harán daño porque su fuerza está impregnada de amor divino y curación. Aunque estén en los cielos, siempre estamos conectados a ellos porque su amor nos une a todos.

Se preocupan por tu positividad, bienestar espiritual y paz interior, y todo lo que tiene que hacer para beneficiarse de su presencia es estar abierto al concepto de que los arcángeles pueden ayudarle y le ayudarán. Por supuesto, puede acelerar el proceso o hacerlo más poderoso invocando al arcángel o arcángeles de su elección para que le ayuden con necesidades específicas.

Cómo invocar a los arcángeles

Ritual de signos angélicos

Cada arcángel tiene un signo o símbolo asociado. Miguel está asociado a la estrella zafiro o a la balanza de la justicia. Gabriel se asocia con los lirios blancos o la Luna, mientras que Uriel se asocia con los cuernos de la abundancia.

Elija el arcángel con el que desea trabajar y elija un signo con el que esté asociado. Dibújelo en un papel y rodee el dibujo con tres velas blancas. Haga que el resto de la habitación esté a oscuras, para que solo brille la luz de las velas.

Mire la imagen hasta que se vuelva tridimensional. Sienta cómo cambia la energía al ser consciente del cambio que siente en su respiración. La figura puede incluso empezar a flotar sobre el papel a medida que los niveles de energía cambian y se cargan.

Memorice la imagen y guárdela para la próxima vez que la necesite. A medida que desarrolle su práctica, le resultará más fácil conjurar a su arcángel sin la ayuda de velas y papel. Habrá creado un vínculo que le acompañará para siempre.

Mantra angelical

Los arcángeles comprenden el significado de sus nombres. Dios les ha dado un nombre, que es el más alto honor conferido a cualquier ser espiritual. Repetir su nombre es una forma sencilla de invocarlos. Busque un buen ambiente donde no moleste ni sea molestado por otros.

Primero, repita su nombre en silencio durante diez minutos para crear un vínculo. Ahora, empiece a cantar. Sienta el poder de su nombre mientras lo canta, y aumente el volumen a medida que su conexión se forme y fortalezca. Sabrá cuándo es el momento de parar porque sentirá su presencia con usted.

Oración angelical

La oración es una de las herramientas más poderosas que tiene. Aunque no sea religioso, su oración es una declaración que sale del corazón, y eso es lo que buscan los ángeles. Las emociones sentidas y la profunda sinceridad son como luces brillantes y los atraerán a su lado.

Las oraciones son importantes porque no solo atraen a los arcángeles; también pueden decirles lo que busca de ellos.

Por ejemplo, si usted busca la ayuda de Rafael para asuntos de curación, intente componer algo como esto:

Oh, poderoso Rafael, el sanador de los cielos, te pido que me guíes

Ayúdame a encontrar la fuerza y la fortaleza para hacer frente a mis dolencias físicas

Atraiga la fuerza espiritual a mi lado para que pueda salir de la enfermedad como un espíritu sano

Concédame el poder del fuego para aumentar mi energía y hacer que cualquier viaje sea menos agotador

Quiero sentir el poder de la divinidad y encontrar consuelo en ella

Gran Rafael, me entrego a su poder y sabiduría

Repita su nombre como un mantra hasta que sienta que ha sido escuchado.

Su oración puede ser completamente diferente y utilizar un lenguaje más directo. A los arcángeles no les importa, ya que reconocen cuando alguien es sincero y necesita su ayuda. La sinceridad importa más que cualquier palabra u oración rebuscada.

Invocar a un ángel puede ser un asunto diferente. Los arcángeles se encargan de mantenernos seguros y espiritualmente sanos, pero qué pasa si necesita ayuda con asuntos menores. Algunos hechizos invocan a los ángeles para que le ayuden a realizar tareas más mundanas y a resolver problemas cotidianos.

Los hechizos de ángeles le ayudan con cualquier cosa que necesite. Perder peso, hacer crecer su cabello, encontrar un nuevo trabajo, hacer que su pareja le escuche, la lista es interminable, y nada es demasiado trivial para invocar a los ángeles para que le ayuden.

Invocación simple a los ángeles

Colóquese en su altar o en cualquier otro lugar especial y privado. Coloque una campana en su cara y diríjase a los cielos. Pida ayuda a los ángeles, por ejemplo: "Me encanta mi vida, pero deseo mejorarla, ayúdeme a ver más claro cómo comer sano y hacer más ejercicio". Ahora, haga sonar su campana una vez. Gire hacia el este y repita el canto con otro toque de campana. Complete los cuatro puntos de la brújula antes de volver a su posición original. Repita la frase una vez más y haga sonar su campana nueve veces.

Realizar su invocación bajo la luz de la luna llena la hará más poderosa.

Lo más sencillo que hay que sacar de este capítulo es que los ángeles y los arcángeles son seres poderosos que están ahí para nosotros. Imagine una hueste de seres celestiales trabajando en su favor, ¿no le hace sentir poderoso y capaz de todo? Adelante, comience su búsqueda de ángeles. ¡Usted lo vale!

Capítulo 10: Magia planetaria para la protección

La magia planetaria tiene sus raíces en el hermetismo, que nos enseña que existimos en el centro de un paradigma planetario que afecta a nuestra existencia en la Tierra. La estructura del paradigma se asemeja a una cebolla y puede ser vista de dos maneras diferentes. Como humanos, pueden empezar a contemplar las capas de conciencia desde el centro o desde fuera hacia dentro desde la perspectiva divina.

La conexión de las esferas con la conciencia humana forma la perspectiva que rige el árbol de la vida de la cábala, que es importante para comprender la evolución de la conciencia y cómo los sefirot son fundamentales para nuestro ser. Para fines mágicos, es necesario tener una visión más equilibrada de los planetas. Esto nos ayuda a elegir qué planetas influirán en nuestros trabajos y los harán exitosos.

Cada bruja o practicante de magia es diferente. Su cumpleaños, la hora en que nació y el signo zodiacal que le rige son importantes. Su carácter es un factor importante en la forma de practicar la magia y en los elementos y planetas que le influyen. Nadie puede decirle qué camino tomar cuando se trata de la magia, así que cuanto más conocimiento tenga, más decisiones informadas podrá tomar.

Magia planetaria

Trabajar con los principales planetas del sistema solar le dará la oportunidad de trabajar con fuerzas poderosas y aprovechar las energías elementales que contienen. Durante décadas, las brujas se han asociado con la Luna, y es bien sabido que la magia funciona mejor cuando se realiza dentro del ciclo lunar apropiado. La lógica común dice que los otros cuerpos solares de nuestro cosmos son igualmente poderosos y deberían utilizarse para mejorar los hechizos y las actividades mágicas.

La magia debe ser fluida y estar preparada para acoger la energía y el poder de todas las fuentes, por lo que la combinación de elementos complementarios y el poder de las fuentes solares individuales solo puede aumentar el poder de nuestra magia. Conecte e interactúe con los planetas integrando su trabajo de hechizos con los elementos que se relacionan con ellos diariamente. Anote sus trabajos y su éxito en su diario para formar una visión general de lo que le funciona y lo que no.

Cada uno de los planetas está representado por un glifo, un símbolo esotérico que se origina en el término "tallar", y hay muchas representaciones de estos en línea. Investíguelos y elija qué símbolo y glifo le atraen para cada uno de los planetas. Imprímalos o dibújelos en una carta para iniciar su conexión con los planetas y sus propiedades mágicas.

Las deidades celestiales gobiernan la inteligencia planetaria de cada esfera, así que recuerde que está conectando con un ser superior y que necesita ganarse sus favores. Las ofrendas y la meditación mostrarán su intención de establecer una conexión, así que elíjalas con cuidado. Conozca a las deidades que están asociadas a cada cuerpo celeste y diríjase a ellas directamente.

La Luna

Empecemos por el planeta más familiar con el que estamos acostumbrados a trabajar. La Luna es el planeta de la familia y de los vínculos familiares. Lanzar hechizos cuando está en fase creciente aumentará su influencia sobre los asuntos familiares y permitirá unirlos a todos. La luna menguante es el momento perfecto para lanzar hechizos de destierro para detener los desacuerdos y los conflictos. La energía lunar se puede utilizar para promover la clarividencia y la percepción, al tiempo que aumenta el autodesarrollo y el crecimiento espiritual. La Luna tiene una cualidad femenina y traerá poder a los hechizos de fertilidad.

Correspondencias lunares

- Número mágico: 9
- Signo del zodiaco: Cáncer

- Elemento: Agua
- Colores: Blanco y plata
- Metal: Plata
- Día preferido: Lunes
- Piedras y cristales: Cuarzo ahumado, obsidiana negra, selenita, labrador
- Plantas y hierbas: Rosa melisa, avena silvestre, lavanda de laurel
- Incienso: Lavanda, jazmín, violeta, loto
- Animales: Lobo, murciélago, polilla, búho, rata
- Dioses: Lasya, Luna, Selene, Diana, Hathor
- Arcángel: Gabriel

Marte

La sexualidad, la autoestima y el carisma están representados por este planeta. Si desea aumentar su energía y asumir más riesgos, trabaje con Marte. Le infundirá valor, confianza y un mayor sentido de la competencia, lo que le permitirá triunfar en su carrera. Los guerreros solían invocar a Marte para que les diera fuerza en la batalla, así que saque su guerrero interior e invoque a Marte para que le ayude en sus luchas. Marte puede ayudarle con hechizos de potencia y pasión si su relación está en crisis.

Correspondencias de Marte

- Número mágico: 5
- Signo del zodiaco: Aries
- Elemento: Fuego
- Colores: Rojo
- Metal: Hierro
- Día preferido : Martes
- Piedras y cristales: Rubí, granate, piedra de sangre, jaspe, amatista
- Plantas y hierbas: Pimientos, alcaparras, ortigas, ginseng, cayena, raíz de uva
- Incienso: Tabaco, albahaca, pimienta
- Animales: Caballo, pájaro carpintero, leones, osos, tigres
- Dioses: Marte, Minerva, Flora, Ares, Juno

- Arcángel: Miguel

Mercurio

En la magia astral, Mercurio es el planeta del éxito. Le ayudará a alcanzar sus sueños más salvajes y a superar los obstáculos. Utilícelo para influir en los hechizos antes de las entrevistas de trabajo o las comparecencias ante los tribunales. Tiene la energía necesaria para tener éxito en los negocios y el comercio, al tiempo que refuerza sus habilidades lingüísticas y la capacidad de comunicarse con éxito. Tiene cualidades elevadas para la adquisición de conocimientos y la expansión mental.

Correspondencias de Mercurio

- Número mágico: 8
- Signo del zodiaco: Géminis y virgo
- Elemento: Aire y agua
- Colores: Naranja índigo, violeta, amarillo, púrpura
- Metal: Azogue
- Día preferido: Miércoles
- Piedras y cristales: Turmalina negra, cianita azul, fluorita arco iris, ágata, aventurina
- Plantas y hierbas: Fresno, apio, pamplina, eneldo, hinojo, mostaza de ajo, avellana
- Incienso: Estoraque, esclarea, salvia, musgo
- Animales: Perros, monos, simios, águilas
- Dioses: Ganesha, Hermes, Buda, Loki, Thoth, Gluskap
- Arcángel: Rafael

Júpiter

Júpiter es el rey de los dioses en la magia planetaria, y puede otorgar increíblemente buena fortuna y suerte a sus esfuerzos. Es el protector definitivo, que otorga prosperidad, riqueza y abundancia a quienes invocan sus poderes. Utilice la energía para estabilizarse cuando se sienta a la deriva y necesite desarrollarse.

Correspondencias de Júpiter

- Número mágico: 4
- Signos del zodiaco: Sagitario y piscis

- Elementos: Aire y fuego
- Colores: Azul, violeta, amarillo, índigo, verde
- Metal: Estaño
- Piedras y cristales: Zafiro, amatista, esmeralda, mármol, topacio
- Plantas y hierbas: Higos, hisopo, salvia, magnolia, potentilla, roble
- Incienso: Cedro, salvia, magnolia, azafrán
- Animales: Águilas, jirafas, caballos, chacales, gatos
- Dioses: Thor, Jove, Zeus, Abundancia
- Arcángel: Uriel

Venus

Asociado con el amor y la belleza, podría engañarse pensando que las energías de este planeta están relacionadas con asuntos frívolos. Aunque Venus está relacionado con el amor, la lujuria y los hechizos de pasión, también es el planeta asociado a los asuntos legales. La energía de Venus le hará ser más decidido y exigente con sus decisiones cuando firme documentos legales o forme contratos.

Una combinación de energías de este planeta fomentará su creatividad, sus inclinaciones artísticas y su alegría de vivir. Utilícelo en hechizos para la fertilidad y el crecimiento.

Correspondencias de Venus

- Número mágico: 7
- Elemento: Aire
- Colores: Verde, rojo, dorado
- Metal: Cobre
- Día preferido: Viernes
- Piedras y cristales: Esmeralda, diamante, cuarzo, topacio
- Plantas y hierbas: Rosa, tomillo, mirto, bergamota
- Incienso: Rosa, ylang, sándalo, bergamota
- Animales: Paloma, guepardo, ganso, hiena
- Dioses: Venus, Kamadeva, Hímero, Eros, Anteros
- Arcángel: Haniel

Sol

Invoque la energía del Sol cuando haga hechizos para la armonía y la paz. Cuando quiera hacer nuevos comienzos y amistades, su calor y su luz le mostrarán el camino a seguir. Las energías que provienen del Sol son vitales, regenerativas, estables pero volátiles.

Correspondencias solares
- Número mágico: 6
- Signo del zodiaco: Leo
- Elemento: Fuego
- Colores: Oro, amarillo, naranja, rojo
- Metal: Oro
- Día preferido: Domingo
- Piedras y cristales: Ojo de tigre, citrino, ametrina, piedra solar, cuarzo
- Plantas y hierbas: Girasoles, hierba de San Juan, albahaca, anís, margarita, trébol
- Incienso: Olíbano, salvia, canela, rosa
- Animales: León, águila, grifo, paloma, cerdo, tortuga
- Dioses: Ra, Tonatiuh, Suria, Apolo, Shamash
- Arcángel: Miguel

Plutón

Plutón tiene profundidades ocultas que pueden ayudarle a descubrir algunos de los secretos y conocimientos que busca. Invoque a Plutón para aumentar la potencia de sus hechizos de renacimiento, transformación y mejora de relaciones. Plutón es el planeta del karma y la justicia, y sus energías mágicas le ayudarán.

Correspondencias de Plutón
- Número mágico: 0
- Signos del zodiaco: Cáncer y escorpio
- Elemento: Agua
- Colores: Marrón, negro, gris, ámbar
- Día preferido: Martes

- Piedras y cristales: Ópalo negro, turmalina negra, azabache, granate, hematita, citrina, moldavita
- Plantas y hierbas: Ortiga, roble, trufa, ciprés
- Dioses: Kalfu, Terminus, Zigu, Plutón, Osiris
- Arcángel: Gabriel

Urano

La locura, la insensatez y el genio están asociados a Urano. Urano es el planeta que rige a los innovadores. La gente que está dispuesta a superar los límites y a aventurarse más allá de su zona de confort. Si cree que su trabajo se ha vuelto demasiado convencional, pida a Urano que amplíe sus horizontes. Tiene el poder de hacerle sentir más alegre, menos tenso e inspirado para ser más creativo. Cambie su forma de pensar sobre la creación y el arte utilizando sus asociaciones.

Correspondencias de Urano
- Número mágico: 4
- Signos del zodiaco: Acuario y géminis
- Elemento: Aire
- Colores: Blanco, verde, púrpura, índigo, amarillo
- Metal: Oro blanco, platino,
- Día preferido: Miércoles
- Chacras: Corona garganta
- Piedras y cristales: Cuarzo, citrino, hematita, piedra solar
- Plantas y hierbas: Eneldo, sorbus, fresno, romero
- Dioses: Isis, Ganesh, Thor, Odín, Cupido, Anat

Neptuno

Neptuno suele considerarse el planeta más adecuado para el ocultista. Su energía anima al usuario a ser más hábil en los trabajos oníricos, la comunicación psíquica y las visiones. Funciona bien con Urano para establecer una conexión más profunda con el mundo espiritual. Utilícelo para disolver los límites y viajar libremente por todos los planos de la existencia.

Correspondencias de Neptuno

- Número mágico: 6
- Signos del zodiaco: Piscis, acuario
- Elemento: Agua
- Colores: Índigo, rosa, coral, púrpura, aguamarina
- Metal: Platino
- Día preferido: Viernes
- Piedras y cristales: Jade, esmeralda, turmalina, ópalo, coral, nácar
- Plantas y hierbas: Hinojo marino salvaje, halófilo, apio, romero y musgo marino
- Dioses: Neptuno, Poseidón, Rey Dragón, Deméter
- Asociación mágica: Sirenas, sílfides

Saturno

Hay un planeta que no aparece en la lista anterior, y es Saturno. El último de los planetas antiguos era el punto más lejano que los astrólogos antiguos podían ver. Lo clasificaban como el maléfico mayor porque se asociaba con la muerte y la oscuridad. Creían que no existía nada más allá de Saturno y el planeta era el precursor de la muerte. En aquella época, la edad media de los seres humanos era de unos treinta años, que era también la duración de la vida de Saturno.

El ciclo de treinta años que cumple Saturno tiene relevancia hoy en día, pero es mucho más positivo. Hoy en día, reconocemos que nuestra vida puede definirse por ciclos de treinta años a medida que entramos en nuevas fases de madurez. ¿Se ha dado cuenta alguna vez de la locura que supone para la gente cumplir los treinta años? Es un cumpleaños que parece hacernos confrontar con nuestro pasado y con las lecciones que hemos aprendido antes de avanzar hacia un nuevo ciclo. En términos astrológicos, no se considera que uno sea un adulto plenamente formado hasta que haya vivido tanto como un ciclo del planeta Saturno.

Como el último de los planetas interiores, Saturno es el límite del reino conocido, y todos los planetas que se encuentran más allá de él tienen una historia relevantemente moderna. La magia puede definirse de manera muy similar: algunas personas prefieren los métodos más antiguos y tradicionales, mientras que otras se deleitan con los nuevos métodos disponibles. Los anillos de Saturno son una representación perfecta de cómo el caos puede ser gobernado por la gravedad para formar anillos disciplinados y bien ordenados de gran belleza y fuerza. El hielo y las rocas que forman los anillos de Saturno eran originales sin orden hasta la formación del sistema solar, que dio lugar a su formación. Saturno es el poder y la funcionalidad que representa la estructura y el orden.

Saturno, al igual que Júpiter, tiene un impresionante sistema lunar. La mayor de las diez lunas tiene el tamaño de Mercurio, lo que le confiere un importante peso espiritual. La atracción gravitatoria de Saturno le permite contraerse y lo sitúa en la octava superior del sistema solar. Una cruz sobre una luna creciente lo simboliza, y se cree que es el planeta más relacionado con el karma.

Saturno tiene conexiones con el chacra de la corona y el chacra de la raíz, lo que le confiere poderes opuestos relacionados con los desafíos terrenales y en el ámbito de la conciencia superior. Saturno actúa como maestro, pero adopta un enfoque práctico en las lecciones que imparte. En lugar de instruir a las personas sobre cómo afrontar los retos y obstáculos que se les presentan en su existencia terrenal, los manifiesta y les obliga a enfrentarse a sus miedos. Las instrucciones de Saturno comienzan como una tenue voz interior, pero si se hace caso omiso de ellas se sufrirán las consecuencias. La contrapartida metálica de Saturno es el plomo, que representa el peso de la responsabilidad que los humanos soportan durante su vida en la Tierra.

En la cábala, Saturno está vinculado a la energía femenina, lo que le confiere el poder de ser la diosa cósmica por excelencia, mientras que sus vínculos con los dioses griegos hacen que se le considere la personificación de la paternidad. La combinación de este poder primordial con las antiguas creencias significa que Saturno es el padre y la madre antiguos para todos nosotros. Saturno tiene muchas caras divinas y, durante el solsticio de invierno, tiene poderes de renacimiento que están intrínsecamente relacionados con el niño divino. Saturno es la encarnación de la familia y de los lazos que la unen y la mantienen a salvo.

Cuando se invoca a Saturno, se invoca una forma única de protección. Cuando se invoca a Marte, se beneficia del poder del guerrero y se arma para la lucha. Cuando se invoca a Saturno, se neutraliza una situación y se protege con el poder de desterrar e inhibir a los enemigos en lugar de destruirlos. En pocas palabras, si una bala se dirigiera hacia usted, el poder de Saturno la frenaría antes de hacerla caer al suelo.

Cuando se utiliza en la magia ritual, el poder de Saturno es una fuerza equilibrada y organizada. Le ayudará a ser más disciplinado cuando necesite completar una tarea o mantenerse en un determinado camino. También le ayudará a entender por qué se requieren ciertas acciones y los beneficios que puede esperar.

El poder de Saturno puede ser utilizado en cualquier hechizo o ritual que requiera una manifestación en el plano físico. Es especialmente poderoso para el éxito y la prosperidad a través de su carrera, ayudándole a utilizar su magia para entender cómo manipular la autoridad y las estructuras corporativas para subir la escalera de la carrera. Recuerde que Saturno es el planeta del karma y no le permitirá usar su poder para causar daño a otros. Le enseñará a tener éxito sin pisar a los demás.

Correspondencias de Saturno
- Número mágico: 7
- Elemento: Tierra
- Día preferido: Sábado
- Colores: Negro, azul marino, marrón oscuro, ámbar
- Piedras y cristales: Ónix, turmalina negra, obsidiana, azabache
- Incienso: Aceite de binak, ciprés, abeto, tomillo, azufre
- Plantas y hierbas: Fresno, belladona, consuelda, narciso, olmo, cicuta, rosa de cuaresma, viola, serbal, tabaco, sauce
- Dioses: Erebos, Set, Hodr, Angra Mainyu, Ah Puch

Los rituales y la magia se asocian con la carrera, el autocontrol, la resistencia, la longevidad, los asuntos de propiedad y la gestión de la tierra.

Ritual de propiciación de Saturno

El poder de Saturno puede ser convocado utilizando este ritual para obtener la buena voluntad de esta poderosa fuerza. La sincronización es esencial, pero el ciclo de Saturno puede ser largo, y el día ideal puede estar a años de distancia. Si utiliza su cumpleaños como guía, es más fácil definir un día de Saturno más accesible. Elija un sábado dentro de los 52 días siguientes a su cumpleaños para marcar la finalización de su ciclo de un año, en el que cada día representa una semana. Reflexione sobre cómo se ha sentido espiritualmente en el último año y qué espera conseguir en el próximo.

Organice su altar con un hexagrama que tenga el glifo de Saturno en el centro. Decore el altar con los talismanes de plomo que tenga o con los nombres de sus deidades favoritas. Utilice una escritura moderna o un texto hebreo para exponer sus intenciones.

Lo que necesitará:
- Seis velas de té blancas
- Una vela negra más grande o una lámpara de aceite con una mecha nueva
- Aceite de sésamo mezclado con 3 gotas de mirra
- Una jarra de agua natural de un arroyo, río o pozo
- Resina de mirra
- Una mezcla de sal marina, arroz negro y semillas de sésamo
- Cuentas de oración para el canto (opcional)
- Vasos de cristal, cuenco resistente al fuego, carbón vegetal

La hora de Saturno debe calcularse consultando las cartas disponibles en internet antes de que tenga lugar el ritual. Antes de la hora planetaria, las velas deben estar dispuestas para representar a los otros seis planetas con la vela más grande o la lámpara de aceite en el centro. Estas velas deben estar en el centro de su altar con sus glifos individuales identificándolos, aunque esto es opcional, ya que el foco de su ritual es Saturno. Llene sus vasos por separado con el agua y la mezcla seca y colóquelos al lado de la vela o lámpara.

Al comienzo de la hora planetaria, encienda cada una de las velas de té con una invocación a los planetas que representan por separado.

1. Enciendo esta vela a la Luna y reconozco la necesidad de escuchar su voz dulce y pura en mi magia.
2. Enciendo esta vela a Mercurio y pido que se comunique conmigo de forma clara y nítida.
3. Enciendo esta vela a Venus, una fuerza pura y resonante.
4. Enciendo esta vela al Sol; acojo su voz cálida y santa en mi vida.
5. Enciendo esta vela a Marte; pido que se comunique conmigo con fuerza y honor.
6. Enciendo esta vela a Júpiter, cuya voz real me hablará y me llenará de alegría.

Utilice una varita o su dedo para vincular las energías de los seis planetas a su fuente central antes de encender el incienso de mirra y la lámpara de Saturno. Consagre la luz a Saturno.

Enciendo esta lámpara y la dedico al señor Saturno, que hace brillar su ser celestial en nuestras vidas para guiarnos e iluminarnos. Él ilumina nuestros caminos y nos da la fuerza para seguirlos. Continúa manteniéndonos a salvo y protegiéndonos del mal.

Dedicar el incienso a Saturno

Quemo esta mirra para crear un humo espiritual que se eleve y llene este lugar con la gloria de Saturno. Concédanos su dulce humo celestial y llene nuestros vacíos, espíritus y almas con sus bendiciones celestiales.

Dedicar el agua a Saturno

Presento este líquido natural al señor Saturno como símbolo de mi conexión con la tierra y la pureza de mis intenciones. Le pedimos que nos bendiga con su espíritu limpiador y que limpie todo el mal y la contaminación de nuestras vidas. Elimine nuestros obstáculos y despeje el camino del éxito.

Dedicar la mezcla seca a Saturno

Ofrezco esta mezcla de sal a Saturno para representar la fuerza que tiene sobre nuestros corazones y mentes. Fortalézcanos con su alimento y conocimiento, para que podamos enfrentarnos al mundo iluminados y con el poder de crecer.

Ahora, puede hacer el ritual tan personal como quiera. Elija un mantra, una oración o un conjuro para repetir mientras utiliza su juego de cuentas de oración, o puede simplemente terminar el ritual y apagar la lámpara de Saturno. Deje que las otras velas se consuman por sí solas y agradezca al señor Saturno su tiempo y atención. Ahora, límpiese física y espiritualmente para asegurarse de que su ritual tenga un resultado equilibrado. La energía de Saturno puede ser intensa, así que es importante mantener una sensación de control.

La magia planetaria es una parte poderosa de su viaje espiritual. Utilice este conocimiento para guiarse a través del sistema solar y las energías que encontrará en él.

Conclusión

Todo el mundo es consciente de los peligros que encontramos a diario. Nunca estaremos completamente a salvo, pero de todos modos podemos estar debidamente protegidos y vigilantes. Utilice lo que ha aprendido en este libro. Tendrá un alto nivel de protección cuando entre en los reinos espirituales, realice rituales sagrados y haga hechizos estando protegido por una variedad de energías. Le mantendrán a salvo en su trabajo si las utiliza con respeto.

Segunda Parte: Magia Enoquiana

Descubra los secretos del Libro de Enoc, Magia(k) Ceremonial, Nefilim, Ángeles Caídos, Arcángeles, Sellos Angélicos, Cábala e Invocación

Introducción

La magia es una cosa maravillosa. Puede invocar la esencia del Divino Creador o conectarse con los ángeles. Puede comandar ángeles, demonios y cualquier otro espíritu intermedio. Con la magia enoquiana, podrá expresarse espiritualmente y alimentar la parte de usted que muchas otras personas a menudo ignoran. Puede usar la magia para hacer su vida más mágica. Si ya sabe esto, aquí hay algo más: no hay mejor manera de practicar que la magia enoquiana.

La magia ceremonial es una buena manera de darse cuenta de la verdad sobre quién es realmente y por qué está aquí. Descubrir su propósito le ayudará a sentirse más realizado y hará que su vida sea mucho más increíble. Aleister Crowley, el gran mago que vivió entre 1875 y 1947, dijo una vez que la magia consiste en provocar cambios en su vida que se ajusten a su voluntad, y tenía toda la razón. La única forma de conseguir los cambios que desea es a través de la magia y su voluntad. Es un proceso personal, en el que no busca cambiar el mundo que lo rodea, sino a usted mismo. A medida que cambia, el mundo que lo rodea se ve obligado a seguir su ejemplo.

La magia enoquiana recibió su nombre del Enoc bíblico, un profeta que caminó de cerca con Dios, tanto que se dice que conocía los secretos y misterios más profundos que incluso en esta época buscamos. Este es un sistema mágico maravilloso y el más poderoso hasta ahora, basado en los muchos años de trabajo realizado por John Dee y Edward Kelley. La magia que nos trajeron es la base de muchas otras formas de magia con las que quizás esté más familiarizado. Entonces, si elige trabajar con magia enoquiana, estará bebiendo directamente de la fuente. Este libro le dará la verdad, directamente, para que usted también pueda seguir este camino.

En este libro, va a descubrir el mundo de la magia enoquiana. Aprenderá la curiosa historia de cómo un hombre que una vez buscó el secreto divino del universo, tal como lo está haciendo ahora, se encontró comunicándose con los mismos seres que estaban aquí antes de que existiera un lugar y antes de que existiera el tiempo. Aprenderá el significado de las herramientas mágicas, los ritos que componen la magia enoquiana y desarrollará un sano respeto por cómo llegó a ser lo que es hoy.

Está a punto de leer los secretos del universo, que puede usar para alterar su realidad y convertirla en lo que sabe que debería ser. Sin embargo, una cosa es leer sobre la magia enoquiana y otra completamente diferente usarla para avanzar en su viaje espiritual. Por lo tanto, sería de su mejor interés decidir ahora que este será el comienzo de un largo y muy fructífero esfuerzo para usted. Este libro ha sido escrito para simplificar lo que es la magia enoquiana para que pueda dar el siguiente paso con confianza para aplicarla en su vida.

Capítulo 1: La Magia Enoquiana y las Puertas de la Sabiduría

La magia enoquiana es la magia que implica invocar espíritus y enviarlos para que hagan su voluntad. Todo se basa en las enseñanzas de John Dee y Sir Edward Kelley. John Dee fue un astrónomo, matemático, alquimista, maestro, astrólogo y ocultista anglo-galés. Edward Kelley, también llamado Edward Kelly o Edward Talbot, fue un ocultista inglés y un médium espiritista del período del Renacimiento que podía invocar espíritus usando un espejo o una *piedra que muestra*, la cual era una piedra que se observaba para ver o predecir el futuro.

Estos dos hombres afirman que habían recibido toda la información enoquiana y el lenguaje directamente de diferentes ángeles, todos llamados ángeles enoquianos. En los diarios de Dee encontrará la escritura enoquiana, un lenguaje oculto angelical. Estos hombres tuvieron visiones que les dieron todos los secretos del Libro de Enoc, texto hebreo de la antigüedad atribuido a Enoc.

El sistema de la magia enoquiana se basa en varias canalizaciones o comunicación con ángeles desde 1582 hasta 1589. Dee obtuvo su información de los ángeles. Por otro lado, a Kelley le gustaba la adivinación (ver el futuro usando una bola de cristal u otro objeto reflectante). Mientras que Dee tenía registros bien guardados, Kelley miraba en una piedra que mostraba y narraba todo lo que podía ver.

Hay dos tipos de practicantes de magia enoquiana. Están los magos enoquianos influenciados por las enseñanzas de Aleister Crowley y la

Orden Hermética del Amanecer Dorado y aquellos que se consideran **Puristas de Dee**, que siguen el trabajo de Dee tal como fue escrito.

Los Hombres Detrás de la Magia

Dee tenía la intención de usar la magia que le enseñaron los ángeles para ayudar a la reina Isabel I con sus ideas y decretos expansionistas cuando España estaba peligrosamente cerca de invadir Inglaterra. Quería mantener a raya a todos los gobernantes de Europa trabajando con los espíritus guardianes de cada nación. Dee fue un gran cartógrafo, astrónomo y matemático. Algunos afirman que también fue consejero privado, astrólogo y agente de espionaje de Su Majestad la Reina Isabel I. Siempre fue leal a su causa y era bien conocido por sus habilidades mágicas en toda Europa.

Kelley era un hombre que siempre había querido encontrar la verdad de la piedra filosofal y tenía una experiencia considerable en la nigromancia, un arte oscuro. Acusado de falsificar títulos de propiedad en 1580, tuvo que huir de Lancaster. Entonces, se dispuso a recorrer Gales. Cuenta la leyenda que cuando se acercó a Glastonbury, compró un poco del polvo rojo que se dice que convierte los metales comunes en oro puro de un tabernero que lo obtuvo de los saqueadores de tumbas.

Luego, Kelley pasó el resto de su vida trabajando para descubrir el poder del polvo rojo para poder crear más de él. Mientras buscaba este conocimiento, se encontró con la biblioteca de John Dee en 1582, y es por eso que eligió trabajar como vidente para Dee. Era una pareja extraña, ya que la mayoría describiría a Dee como un santo y a Kelley como un pecador, pero tenían un interés común en la magia ceremonial y sus potenciales. Dee no tenía mucha habilidad con la mediumnidad, un problema que trató de resolver reclutando a un vidente profesional, pero eso no funcionó. Entonces, cuando escuchó sobre las habilidades de Kelley con el trabajo psíquico, rápidamente contrató al hombre.

Dee convocaba a los ángeles enoquianos al mundo físico cerca de un espejo de obsidiana negra o un cristal escudriñador usando sellos mágicos y oraciones. Luego, cuando Kelley veía que los ángeles habían llegado, Dee les hacía preguntas. Luego, Kelley le diría sus respuestas y, a su vez, Dee las anotaría en sus diarios.

La parte más significativa del trabajo de Dee fue *Una Relación Verdadera y Fiel de lo Que Pasó Durante Muchos Años Entre el Dr. John Dee... y Algunos Espíritus*. Meric Casaubon publicó esto en 1659 en

Londres y ha sido reimpreso un número considerable de veces desde entonces.

Los espíritus enoquianos se nombran por la naturaleza del sistema de magia del que hablan. Afirman que esta es la misma magia que Enoc había dominado de los ángeles del cielo. Ave, uno de los ángeles, le dijo a Dee que era la voluntad de Dios darle esta misma doctrina una vez más a Dee. No se parece en nada a ninguna otra forma de magia que conozca.

Si bien Dee fue diligente en escribir la magia en sus diarios, no se la tomó lo suficientemente en serio como para que funcionara para él, y no está claro por qué. En 1589, él y Kelley se separaron. Kelley se quedó en Bohemia para crear oro en nombre de Rodolfo II, el Emperador del Sacro Imperio Romano Germánico. Dee decidió regresar a Inglaterra a pedido de la reina, y esto puede haber jugado un papel en evitar practicar la magia, según algunos. Otros teorizan que esperó a que los ángeles le permitieran usar la magia, pero ese permiso nunca llegó en esta vida.

Dee fue un filósofo renacentista en el sentido de que trataba de conectarse con lo divino para comprender la ley de la naturaleza. Para él había tres "libros" a través de los cuales Dios entregaba todos sus secretos: la naturaleza, el alma humana y la escritura revelada. Para Dee, las matemáticas son la base de cada parte de la filosofía natural. También creía que había tres estados de números. Primero, está la "numeración de Números", que es Dios el creador de todo; los "Números numerados", que es toda criatura que está destinada a deteriorarse con el tiempo; y los "Intermediarios" que se encontraban entre los primeros dos estados, que es la mente del hombre y los ángeles.

¿Solo Dos Hombres Locos Forjando una Nueva Religión?

Es muy fácil suponer, especialmente si no tiene la menor idea de qué se trata la magia enoquiana, que Kelley y Dee simplemente habrían falsificado sus comunicaciones con los ángeles. Ambos creían al cien por cien que los ángeles eran reales, pero compartían ideas diferentes sobre sus motivos. Si bien Dee pensó que eran agentes de Dios que obedecían a Cristo, Kelley no confiaba en ellos ni un poco y pensó que eran engañosos de alguna manera. A los ángeles, al no ser pusilánimes, les hizo gracia la opinión de Kelley sobre ellos y sintieron algo de desprecio por él. Soportó sus insultos durante tanto tiempo solo porque esperaba que algún día le revelaran el secreto del polvo rojo para hacer oro.

Estos ángeles eran seres claramente inteligentes e independientes que tenían sus propias personalidades y motivos. Esta visualización es cómo los vieron Dee y Kelley, y para el aspirante a mago enoquiano, esta es la mejor manera de pensar en ellos también.

Magia Enoquiana Simplificada

Esta forma de magia recuerda a la que se encuentra en los libros de JK Rowling, donde tiene que realizar un cántico para que algo suceda. La magia enoquiana es ceremonial, y hace uso de rituales como hacer círculos y dibujar triángulos. También puede usar un espejo redondo o un cristal para comunicarse con los ángeles o espíritus, una práctica conocida como *adivinación*. Para que esto funcione, la superficie que use debe ser reflectante para que pueda ver a los espíritus cuando esté en un estado alterado de conciencia durante sus rituales.

Cuatro temas principales nacieron de las conversaciones de Dee con los ángeles. Primero, se habló sobre el orden cósmico y cuán esenciales son los ángeles para sostenerlo. En segundo lugar, había detalles sobre rituales e invocaciones mágicas. En tercer lugar, hablaron de profecías y predicciones apocalípticas, prediciendo el comienzo y el fin de los imperios, lo que estaba relacionado con el nivel de piedad espiritual. Finalmente, estaba la *Lingua Adamica*, que era la propia lengua enoquiana. En este lenguaje hay pentáculos y sellos específicos que también fueron usados por Kelley y Dee. Los sellos (símbolos escritos o pintados que se cree que tienen poder mágico) son una parte vital de la magia enoquiana. Después de Dee y Kelley, fueron reutilizados en la magia celta y otras formas mágicas de manera personalizada.

Mitología Enoquiana

Dios creó el mundo con un conjunto de palabras divinas escritas en letras de fuego en varias tablas celestiales llamadas colectivamente el *Libro del Discurso de Dios*. Este libro tiene el lenguaje de la creación celestial, las llaves de las puertas celestiales y toda la sabiduría y el conocimiento de todo el universo, del pasado, presente y futuro. Aparece en tantas religiones de diferentes maneras, conocido como el *Libro de la Vida*, el *Libro de Thot*, las *Tablas del Destino*, las *Tablas Celestiales*, el *Libro del Cordero*, el *Libro de los Secretos de Dios*, el *Libro T* (T de Tarot), y los *Registros Akáshicos*.

En el jardín del Edén, el paraíso en la Tierra, era el lenguaje celestial que Adán usaba para hablar con Dios y sus ángeles. Era el mismo idioma que usaba para nombrar a todos los animales. Sin embargo, Adán cayó en desgracia cuando desobedeció a Dios, y así perdió todo lo que sabía sobre la lengua sagrada. Ya no podía permanecer en contacto con los ángeles. Desarrolló el lenguaje humano para comunicarse con su familia, basándose en los fragmentos defectuosos e incompletos que podía recordar del habla celestial.

Pasaron siete generaciones y Enoc (el profeta) encontró una manera de conectarse con los ángeles como solía hacerlo Adán. Los ángeles creyeron que era lo suficientemente digno para ver los cielos, el trono de Dios, el coro de ángeles y las tablas celestiales. De estas tablas, el profeta pudo transcribir 366 libros llenos de la sabiduría de los siglos, que tenía la intención de usar para restaurar a la humanidad a su antigua gloria. Sin embargo, todo lo que Enoc había escrito se perdió en el Gran Diluvio.

El idioma de Adán se transmitió a través del linaje de Noé hasta el evento en la Torre de Babel, donde hubo una confusión de idiomas. Dios lo había hecho para que la gente ya no pudiera entenderse entre sí. Hizo esto dándoles diferentes idiomas a las personas. El idioma más cercano al primordial de Adán que todavía tenemos es el hebreo bíblico. Desde entonces, muchos han tratado de recrear el idioma del cielo, pero por lo general solo producen idiomas que son imitaciones del idioma hebreo bíblico, meras sombras del verdadero idioma de lo divino.

Hacia el año 1500, Dee y Kelley se interesaron por el idioma perdido. Usaron los grimorios de Salomón para llegar a los ángeles que habían hablado con Enoc hace mucho tiempo. Esos ángeles compartieron muchos secretos de magia con ellos, como cómo convocar a los seres divinos de las estrellas y los planetas, saber qué esconden otras naciones y cómo visitar los cielos.

Dee había solicitado que estos seres divinos le revelaran el Libro de Enoc, que trataba sobre la obra y la vida del profeta. Los ángeles accedieron, pero en cambio, le mostraron el Libro del Discurso de Dios, que Enoc copió de las Tablas Celestiales. Este volumen ahora se conoce como el Libro Etíope de Enoc o 1 Enoc, que está disponible en línea de forma gratuita. Se describe como un gran tomo con 49 páginas escritas en la sangre del Cordero, con 49 discursos divinos con los que Dios creó el mundo. Los ángeles le mostraron a Kelley y Dee cómo abrir las puertas del cielo con este libro para obtener revelaciones de Dios mismo y comunicarse con los ángeles. Dee nunca se refirió a su sistema mágico por lo que se conoce hoy; los historiadores le dieron el término "magia enoquiana" mucho más tarde. Esta magia también está fuertemente inspirada en las Puertas Cabalísticas de Binah (o sabiduría).

De Heptarchia Mystica

Este libro también se llama *Sobre la Regla Mística de los Siete Planetas*. Fue escrito alrededor de 1582 por John Dee y brindaba orientación al lector sobre cómo invocar ángeles bajo la guía del ángel Uriel. También conocido simplemente como La Heptarquía, que significa gobierno de siete veces, es el nombre del sistema enoquiano planetario de ángeles mágicos. En sus diarios, Kelley y Dee deletrearon los nombres de cada ángel heptárquico, cómo se ven, qué hacen y los sellos que tienen.

Las Invocaciones Angelicales

Estas también se conocen como las Invocaciones o Llaves Enoquianas. Son los encantamientos mágicos que Dee y Kelley usaban para invocar a los ángeles elementales. Estas 19 invocaciones están escritas en lengua enoquiana y tienen una notable consistencia en la sintaxis y la gramática. Las dos primeras se usan para invocar espíritus, mientras que seis son para invocar los elementos aire, fuego, agua y tierra. La llave 19 es para invocar cualquiera de los 30 Aethyrs que desee. Kelley tuvo que dictar las invocaciones hacia atrás porque hacerlo correctamente (hacia adelante) invocaría fuerzas demasiado poderosas para contenerlas.

Aleister Crowley y Victor Neuburg habían trabajado una vez en algunas operaciones mágicas con estas Llaves Enoquianas. En medio del proceso, Crowley descubrió algunos principios que perfeccionó en un sistema de magia sexual, y escribió sobre esto en un largo artículo que publicó en el Equinoccio (y más tarde en un libro titulado La Visión y la Voz). Los escritos de Crowley hicieron que la magia enoquiana fuera muy popular entre los magos del siglo XX; luego desarrolló esto como una forma de magia ceremonial. Otros que han usado la magia enoquiana incluyen a Anton LaVey, quien la adaptó para trabajar con su sistema Satánico, sobre el cual escribió en su libro, *La Biblia Satánica*.

El Mapa Enoquiano

Dee dibujó un mapa del universo como un cuadrado con cuatro atalayas o tablillas elementales, que tenían la Tablilla de la Unión, con 30 círculos concéntricos, también llamados los 30 aires o aethyrs. Estos están numerados desde el 30 en adelante (TEX), el más bajo más cercano a las torres de vigilancia, y hasta el primero (LIL), que es el más alto y representa el Logro Supremo. Los magos enoquianos escribieron sus visiones e impresiones de cada aethyr (cielo), que tiene tres gobernadores, excepto el más bajo, que tiene cuatro. En total hay 91 gobernadores, cada uno de ellos con su sello que puede rastrear en la Gran Mesa de la Tierra. Cuando se trata de magia enoquiana práctica, la Invocación 19 de los 30 aethyrs se usa solo cuando se trabaja con los aethyrs.

Los ángeles de los cuatro cuadrantes están representados por las atalayas Elementales, también conocidas como la Gran Mesa de la Tierra. Muchos de los ángeles enoquianos populares son extraídos de las torres de vigilancia de esta gran mesa.

Cada una de las torres de vigilancia representa un elemento clásico que posteriormente se rige por el orden de las entidades espirituales en esta jerarquía:

- Los Tres Santos Nombres
- El Gran Rey Elemental
- Los Seis Ancianos
- Los Dos Nombres Divinos en la Cruz del Calvario
- El Querubín
- Los 16 Ángeles Menores

Cada atalaya se divide en cuatro grupos, también llamados subcuadrantes, donde están escritos los nombres de los arcángeles y ángeles que gobiernan estos mundos. Por lo tanto, todo el universo, visible e invisible, se muestra rebosante de todo tipo de inteligencia. Las tablas elementales también están divididas en cuatro por la Gran Cruz Central, que tiene dos columnas verticales en el centro llamadas *Linea Filli* y *Linea Patris*. Una línea horizontal atraviesa el centro llamado *Linea Spiritus Sancti*.

Además de las cuatro atalayas elementales, hay una celda con 21 cuadrados llamada Tablilla de la Unión o Cruz Negra. Esta celda representa el espíritu y forma la imagen completa de los cinco atributos elementales de Espíritu, Agua, Fuego, Aire y Tierra. Estos cuadrados son más como pirámides truncadas (tienen la parte superior plana), dándoles cinco lados en total, que representan los elementos.

La Tablilla de la Unión tiene 20 pirámides y 156 en cada una de las Tablillas Elementales. Cada una de las pirámides tiene un ángel con un nombre compuesto por una sola letra. La naturaleza y los poderes de los ángeles se pueden deducir de su ubicación en la Tabla y de las proporciones de los diversos elementos que muestran sus lados. Cuando combina dos pirámides, obtiene un ángel que tiene un nombre con dos letras y atributos más complejos. Siguiendo esta lógica, puede crear ángeles cada vez más complejos dependiendo del número de pirámides con las que trabaje.with.

¿Es Malvada la Magia Enoquiana?

Hay demasiados conceptos erróneos y mentiras sobre este sistema mágico que se presentan como verdad para disuadirlo de practicarlo. Algunos piensan que esta magia es pura maldad por lo caótica y compleja que parece, pero eso no podría estar más lejos de la verdad. La verdad es que este sistema mágico es poderoso. Tomarse el tiempo para aprenderlo y practicarlo le abrirá una puerta a un maravilloso mundo de misticismo.

Manuscritos

Si bien la mayoría de los magos enoquianos aceptan que Dee y Kelley recibieron toda su información de la videncia y la comunión con los ángeles, el material que producen comparte algunas similitudes con grimorios como el *Heptameron*. Este fue escrito por Pietro d'Abano (también llamado Pedro de Abano, Petrus Aponensis o Petrus de Apono), un profesor italiano de medicina, filósofo y astrólogo de Padua. Dee estaba familiarizado con el trabajo de Pietro antes de que él y Kelley adivinaran el mensaje de los ángeles. Algunos de los mensajes también recuerdan las obras mágicas de Reuchlin, Agrippa y el *Libro de Soyga*.

El Liber Loagaeth (también conocido como el *Libro de Enoc; Liber Mysteriorum, Sextus et Sanctus* (*El Sexto y Sagrado Libro de los Misterios; y el Libro del Habla de Dios*) es otro manuscrito importante en la magia Enoquiana. Es posible que lo vea escrito como Logaeth, pero eso es solo un error ortográfico que sucedió con tanta frecuencia que se aceptó. Para ser claros, El Libro de Enoc no debe confundirse con El Libro de Enoc en la Biblia, que tiene tres versiones, ni con el propio *Liber Chanokh* de Aleister Crowley.

Este libro tiene 73 folios y fue escrito por Edward Kelley. Tiene 96 cuadrículas mágicas formadas por letras muy complejas. Noventa y cuatro de estas cuadrículas son cuadrículas de 49 por 49 de letras mágicas, y una de ellas es una tabla con 49 filas de textos, mientras que otra tiene 9 filas de letras además de 40 filas de texto. El último folio tiene 21 palabras que tienen 112 letras. El texto afirma que es posible reducirlas todas a 105 letras que luego puede organizar en cinco tablas de 3 por 7, con dos en la parte posterior y tres en el frente. El Liber Loagaeth es donde Kelley y Dee obtuvieron las 48 Llaves o Invocaciones, que tienen escondidas dentro de ellas las llaves que le otorgan acceso a la *Heptarquía Mística*.

Otro manuscrito vital es *Mysteriorum Libri Quinque* o *Cinco Libros de Misterio*. Este manuscrito habla de lo siguiente:

- El mobiliario del templo
- El *Sigillum Dei Aemeth* o Sello de Dios
- El Gran Círculo
- La Tabla Recopilada de los 49 Ángeles Buenos
- Las Tablas de la Luz
- Las Tablas de la Creación
- Las Copias de Dee del Alfabeto Angelical
- El comienzo del Loagaeth Otros manuscritos incluyen:MS Cotton Apéndice XLVI Parte I
- MS Cotton Apéndice XLVI Parte II

Capítulo 2: John Dee — ¿Místico Isabelino o Erudito?

Una Biografía de John Dee

Dee nació el 13 de julio de 1527 en Tower Ward, Londres, Inglaterra. Murió el 26 de marzo de 1609 en Mortlake, Londres, Inglaterra. Como erudito inglés, escribió sobre reforma del calendario, trigonometría, astrología, geografía y navegación. Se convirtió en astrólogo de Su Majestad la Reina María, pero luego fue encarcelado por hacer magia.

Su padre, Roland Dee, era de ascendencia galesa. Se dedicaba al negocio textil y trabajaba en la corte de Enrique VIII como costurero de caballeros. La madre de John se llamaba Jane Wild y se casó con Roland cuando solo tenía 15 años. A los 18 años tuvo a su primer y único hijo, John.

See page for author, CC BY 4.0 <https://creativecommons.org/licenses/by/4.0>, via Wikimedia Commons
https://commons.wikimedia.org/wiki/File:Portrait_of_John_Dee_Wellcome_M0014534.jpg

Educación

John estudió en una escuela de Chelmsford en Essex desde 1535. En noviembre de 1542, ingresó en St. John's College, Cambridge. Allí aprendió filosofía, latín, griego, astronomía, aritmética y geometría. Estaba tan empeñado en aprender que trabajaba 18 horas todos los días, durmiendo solo cuatro horas y ahorrando dos horas para sus comidas. En 1546, comenzó a realizar observaciones astronómicas. Si bien era un defensor de la astrología, al igual que la mayoría de los otros de su época, quería una razón científica por la cual la ubicación de los planetas afecta nuestras vidas. Para él, cada cuerpo celeste tenía un rayo de fuerza que afectaba a todos los demás cuerpos. Usó principalmente las matemáticas como vehículo para llegar a sus respuestas.

En 1546, se graduó y se convirtió en miembro del St. John's College. En diciembre de ese mismo año, se convirtió en miembro del Trinity College de Cambridge, fundado por Enrique VIII. (De todas las universidades de Cambridge, Trinity es la más grande).

Viajes

John Dee no estaba contento con la forma en que se abordaba la ciencia en Inglaterra, por lo que viajó entre 1548 y 1551. Primero fue a Lovaina, cerca de Bruselas, llegando el 24 de junio de 1548. Allí estudió junto a Gerardus Mercator y Gemma Frisius. Con el tiempo, Mercator y Dee comenzaron a acercarse y a hablar sobre modelos novedosos para explicar el universo. En Lovaina, Dee escribió dos obras sobre astronomía. En 1550, se mudó a Bruselas y se relacionó con los matemáticos de allí. En Bruselas conoció a Pedro Núñez, un erudito portugués, y se hizo muy amigo de él. A muchos les encantaban las conferencias de Dee y acudían en masa para escucharlo hablar en salas de conferencias abarrotadas. En 1551, Dee rechazó un puesto que le ofrecieron en París para convertirse en profesor de matemáticas y tres años más tarde en una cátedra de matemáticas en Oxford.

De regreso a Inglaterra, John sirvió al conde de Pembroke en 1552, luego pasó a servir al duque de Northumberland hacia fines de ese año, que es cuando escribió sobre las mareas. Cuando murió el rey Eduardo VI, hubo mucha mala sangre entre los protestantes y los católicos, lo que generó mucha confusión sobre quién debería suceder al difunto rey. En contra de los deseos de los protestantes, la católica reina María subió al poder y luego comenzó una campaña contra los protestantes de estatus significativo. Una de las personas arrestadas en agosto de 1553 fue el padre de John Dee. Fue liberado finalmente después de que le hubieran despojado de todos sus activos financieros. Si esto no hubiera sucedido, John habría heredado una buena parte de la riqueza de su padre, lo que le habría permitido continuar sus estudios sin preocuparse por llegar a fin de mes.

Problemas

El 28 de mayo de 1555, John Dee también fue arrestado, acusado de "calcular". Suena ridículo ahora, pero en Inglaterra en esos días, se pensaba que las matemáticas tenían poderes mágicos, a lo que la Iglesia católica se oponía claramente. De hecho, los libros de matemáticas fueron quemados como si fueran libros para entidades mágicas. John Dee no era simplemente un místico o un mago loco; era un erudito que tenía un profundo amor por el aprendizaje. Lo retuvieron durante tres meses y luego lo liberaron, pero no sin que le quitaran sus fuentes de ingresos y le causaran dificultades financieras. Su padre murió en 1555 sin recuperar su riqueza.

Dee hizo todo lo posible por no ponerse del lado de los protestantes o los católicos, pero después de ser liberado, parecía haber hecho las paces con la corona católica, la misma que lo metió en prisión y arruinó financieramente a su padre. Es posible que se haya sentido cómodo con el enemigo por conveniencia política, pero también existe la posibilidad de que actuara como espía.

Una Nueva Alianza

El 15 de enero de 1556, presentó su plan a la reina María para una biblioteca nacional, con la intención de guardar todas las copias de libros importantes para que cualquiera pueda aprender. No recibió su bendición, pero encontró la manera de establecer una biblioteca propia a pesar de las dificultades financieras. En 1558, la reina María murió e Isabel, una protestante, tomó su lugar como reina. Ella favoreció a Dee, e incluso eligió un buen día para su coronación usando la astrología. Muchos se preguntaron cómo pudo haber pasado de estar estrechamente relacionado con el trono católico a encontrar el favor de la reina protestante tan rápido, lo que implica que podría haber estado espiando a la administración de la ex reina en nombre de Isabel.

Un Erudito y Científico Brillante

Durante los siguientes cinco años, Dee viajaría al extranjero en busca de libros para llenar su biblioteca y satisfacer su sed de conocimiento en codificación, astrología, matemáticas, astronomía y asuntos mágicos, que, en su mente, estaban todos conectados. Sentía que encontrar el hilo común que atraviesa todos estos estudios lo ayudaría a encontrar la verdad última sobre la vida. Aunque Dee era cercano a la nueva reina y a menudo la aconsejaba, nunca obtuvo el dinero necesario para concentrarse completamente en estudiar. Vivió con su madre en 1566 en Mortlake, Londres, para reducir sus gastos. Recopiló una cantidad impresionante de material académico y globos terráqueos, instrumentos astronómicos y relojes precisos.

Publicó *Propaedeumata Aphoristica* en 1568 y presentó la publicación a la reina Isabel. Quedó tan impresionada que le pidió a Dee que le enseñara matemáticas para entender mejor el libro, que tenía mucha magia, astrología, matemáticas y física. Si se siente reacio a considerar a este hombre un genio debido a su amor por la magia, comprenda que los más grandes matemáticos y científicos de esa época y aún más tarde tenían los mismos intereses. Kepler, Cavalieri y Brahe creían firmemente en la astrología. Newton estaba absolutamente fascinado con la alquimia, al igual que Dee. Entonces, verá, Dee era un científico brillante. Había escrito en *Propaedeumata Aphoristica* que todos los objetos de masas desiguales caerían a la misma velocidad, y se había referido a científicos antes que él que aclararon este hecho. También afirmó que todos los objetos en el universo ejercen alguna fuerza sobre todos los demás objetos.

Dee había editado una de las ediciones de los Elementos de Euclides en 1570, según la traducción de Billingsley. Escribió un prefacio muy famoso donde abogaba por el estudio de las matemáticas. Observó la supernova de Tycho Brahe en 1572 y, al año siguiente, escribió sobre triogonómica en *Parallacticae Commentationis Praxosque*. En él, habló sobre los diversos métodos de trigonometría que podría usar para calcular la distancia entre la Tierra y la nueva estrella de Brahe. Junto con Thomas Digges (su asistente), observó con precisión la estrella y se pusieron en contacto con Brahe al respecto.

Dee regresó en 1551 del continente con instrumentos de navegación. Fue asesor de la Muscovy Company en 1555, el mismo año en que Sebastian Cabot, un explorador y navegante, y un grupo de comerciantes de Londres formaron la compañía. Se le otorgó el monopolio del comercio entre Inglaterra y Rusia, y uno de sus objetivos era encontrar el Paso del Noreste. Fue Dee quien preparó todas las cartas para la navegación en áreas polares y otra información náutica en nombre de la empresa durante los siguientes 32 años. Él fue quien le enseñó a la tripulación sobre cosmografía y geometría antes de que zarparan hacia América del Norte en 1576.

En febrero de 1578, Dee se casó con su tercera esposa, Jane Fromands, y tuvieron ocho hijos. (Su segunda esposa murió en marzo de 1576 y no tuvieron hijos, al igual que su primer matrimonio). En 1579, su madre, Jane, le permitió tener su casa en Mortlake, donde había vivido durante al menos 13 años. Su madre murió en 1580.

En febrero de 1583, Dee le había propuesto a la reina Isabel que se reformara el calendario. Quería deshacerse de 11 días para coordinar el calendario con el año astronómico. Esto fue lo correcto y recibió el apoyo de algunos de los asesores de Isabel. Sin embargo, al arzobispo de Canterbury no le gustó el esquema porque había estado en desacuerdo durante mucho tiempo con Su Majestad, y también porque pensó que se parecía a lo mismo que había hecho la Iglesia católica el año anterior. Sin embargo, era difícil negar que el plan de Dee era mejor que el calendario proclamado por el papa Gregorio XIII, fundado en el Concilio de Nicea en 325. Entonces, hasta 1752, ¡el calendario de Inglaterra siguió siendo diferente al del resto de Europa!

Dee Conoce a Kelley

En marzo de 1582, Dee conoció a Edward Kelley, un médium con las habilidades para llegar a los espíritus y los ángeles mirando una superficie reflectante como una bola de cristal. Este, sin embargo, no fue el primer rodeo de Dee con prácticas como estas. Al principio, desconfiaba mucho de la validez de las visiones de Kelley, pero con el tiempo, se dio cuenta de que Kelley tenía una habilidad notable en su oficio, y también estaba desesperado por comprender la verdad última de la vida. Había intentado todos los demás métodos conocidos por el hombre en ese momento y había fallado, y tampoco ayudó que muchos no reaccionaran bien a sus hallazgos científicos.

Visiones en Cristal

Dee estaba involucrado en la cristalomancia. Como vivía mayormente solo, haciendo astrología para mantener la cabeza a flote y estudiando alquimia (su verdadero amor), estudiaba minuciosamente los misterios del Talmud y las ideologías rosacruces. Se dejó llevar por las ideas de la piedra filosofal y el elixir de la vida, y en algún momento, comenzó a tener visiones que lo convencieron de que debía mirar al mundo invisible un poco más. La primera vez que vio espíritus, según su *Diario*, fue el 25 de mayo de 1581.

En noviembre de 1582, Dee estaba en oración profunda y ferviente cuando de repente notó que había una vista gloriosa que ocupaba la ventana oeste de su laboratorio. No era otro que el propio ángel Uriel. Dee estaba atónito por la gloria del ángel. Uriel sonrió, le entregó un trozo de cristal, uno convexo, y luego le dijo que todo lo que tenía que hacer para llegar a los seres de un mundo más allá del nuestro era mirar profundamente en el cristal, y ellos vendrían y le contarían todo. los misterios de la vida y del futuro. Entonces Uriel desapareció.

Dee hizo lo que se le indicó, pero descubrió que tenía que concentrarse mucho antes de que los espíritus aparecieran, y mucho más para que le respondieran. También le resultaba difícil recordar lo que le decían cada vez que hablaban. Entonces, necesitaba a alguien que trabajara con él para hablar con los espíritus mientras tomaba nota de lo que decían. Algunos creen que Kelley engañó a Dee, quien estaba tan desesperado por desentrañar los misterios de la vida que habría creído cualquier cosa que Kelley dijera. Ese es un asunto diferente que no cubriremos aquí.

Dee participó en más y más conversaciones con espíritus y ángeles a través de Kelley, lo que tomó alrededor de cinco años. Ambos hombres visitaron Bohemia y Polonia desde 1583 hasta 1589, mostrando magia en varias cortes. Kelley se hizo rico y famoso y finalmente fue nombrado caballero, mientras que Dee seguía teniendo problemas financieros. En diciembre de 1589, regresó a Mortlake solo para descubrir que a su biblioteca le faltaban muchos libros e instrumentos científicos. Este fue el mismo período en que él y Thomas Harriot se hicieron buenos amigos.

Dee hizo todo lo posible durante años para ser compensado por la pérdida de ingresos desde su encarcelamiento. Intentó que lo nombraran maestro de St. John's Cross, lo que fue aprobado por la reina Isabel. Todo lo que se necesitaba era la aprobación del arzobispo de Canterbury, pero eso nunca sucedió, por lo que no pudo cerrar el trato. En 1596, se convirtió en director del Collegiate Chapter en Manchester, lo que se especula fue una estratagema para sacarlo de Londres. Manchester luego sufrió una plaga mortal en 1605, y allí Dee perdió a su esposa y algunos de sus hijos. Eventualmente regresó a Londres y murió solo unos años después.

Capítulo 3: Descubriendo los Secretos del Libro de Enoc

El Libro de Enoc tiene más de 100 capítulos y se basó en un oscuro personaje bíblico llamado Enoc. En la Biblia, Enoc aparece brevemente en la genealogía de Adán después de engendrar a Matusalén y otros hijos. En Génesis Capítulo 5 versículo 24, la Biblia dice: "Caminó Enoc con Dios; luego ya no estaba porque Dios se lo llevó". Este es un versículo bastante críptico. Los primeros cristianos y judíos no estaban de acuerdo con esa vaguedad, por lo que el Libro de Enoc nació como un derivado. Fue muy popular, tanto que se menciona en el Nuevo Testamento.

Teniendo en cuenta lo popular que era el libro entre los antiguos judíos y cristianos, es demasiado oscuro en nuestros tiempos.

¿Qué Es el Libro de Enoc?

Hay más de un libro, pero cuando la gente dice, "El Libro de Enoc", por lo general se refieren al primer libro, 1 Enoc. También hay un segundo y un tercer Enoc. Nos centraremos en el primero. Otra cosa para recordar es que este no es tanto un libro como una combinación de muchos textos conectados. Puede distinguir esto por los cambios abruptos entre sus partes. Es casi como si alguien acabara de compilar muchos trabajos separados.

Hay cinco secciones principales y dos apéndices. Las secciones principales son:

- Libro de los Vigilantes (Capítulos 1 al 36)
- Libro de las Parábolas (Capítulos 37 al 71)
- Libro de las Luminarias (Capítulos 72 al 82)
- Las Visiones Oníricas (Capítulos 83 al 90)
- La Epístola de Enoc (Capítulos 91 al 105)

Los dos apéndices son:
- El Nacimiento de Noé (Capítulos 106 al 107)
- El Libro Final de Enoc (Capítulo 108)

Las partes más antiguas probablemente datan del siglo IV o III a. e. c. Los manuscritos más completos son de alrededor de los siglos XV o XVI y están escritos en etíope. Este idioma también se llama ge'ez, un primo del árabe, el amárico y el hebreo, siendo en sí mismo un idioma semítico. Es el idioma litúrgico de la Iglesia ortodoxa etíope, al igual que el latín para las liturgias de la Iglesia católica romana o el copto para los cristianos ortodoxos coptos.

El Libro de Enoc viajó mucho, desde que se compuso hasta que obtuvimos la versión más completa de los manuscritos. Es muy probable que Enoc se escribiera primero en arameo antes de que se tradujera al griego y luego al etíope. En el sitio de Qumrán, había muchas versiones arameas del Libro de Enoc entre los rollos del Mar Muerto. En una sola tablilla del Rollo del Mar Muerto, encontrará varias secciones de los textos de Enoc, lo que deja en claro que todas las secciones ya eran populares y se movían como una sola compilación en el siglo I.

En total, hay 90 manuscritos de este libro en varias formas. Dicho esto, algunos de ellos tienen diferencias notables, especialmente si se comparan con versiones anteriores. Es por eso que necesita encontrar una buena versión que tenga en cuenta estas diferencias si va a leerla por su cuenta. Una buena es la Traducción de Hermeneia, publicada por Fortress Press, escrita por George Nickelsburg y James VanderKam.

El Libro de los Vigilantes

Esta sección es la primera parte de 1 Enoc. Comparte algunas historias con la Biblia hebrea, como las de Adán y Eva, sus hijos Caín y Abel, y cómo los hijos de Dios o ángeles se casaron con mujeres humanas. Sin embargo, algunas diferencias hacen que el Libro de Enoc sea fascinante, como la caída de los ángeles rebeldes.

El libro desarrolla dos fragmentos enigmáticos del Génesis en un libro completo lleno de visiones e historias fascinantes. Ya hemos visto la primera sinopsis, que consiste en unas pocas frases breves que afirman que Dios se llevó a Enoc. El segundo fragmento, que sirve de inspiración para toda la escena de apertura de 1 Enoc, es una extraña narración del capítulo 6 de Génesis, versículos 1 a 4, sobre entidades sobrenaturales que tienen relaciones sexuales con humanos. Según el Génesis, antes del diluvio de Noé, los seres divinos son conocidos como los "Hijos de Dios" que descendieron a la tierra para tener relaciones sexuales con mujeres humanas, quienes luego dieron a luz a los Nefilim.

Según las escrituras, estos Nefilim eran guerreros legendarios de la antigüedad. Aparte de eso, no hay más indicios de quiénes eran los Nephilim o sus logros. No hay una historia de fondo para estos hijos divinos, lo que sugiere una cosa: es el tipo de historia que plantea una continuación. En el Libro de los Vigilantes, Enoc amplía sustancialmente estos pocos versículos. Los hijos de Dios ya no son un grupo nebuloso de criaturas celestiales, sino una colección de ángeles caídos conocidos como Los Vigilantes.

Shemihaza, su Jefe, los manda. Sus descendientes, los Nefilim, son seres colosales que comenzaron a causar estragos en el planeta. Según Enoc Capítulo 7, versículo 3, los gigantes comenzaron a asesinar y devorar hombres y luego mataron y devoraron a todas las bestias. Además, esta parte identifica a los Vigilantes como ángeles astutos que eran expertos en enseñar a la humanidad artes sobrenaturales perversas. El Vigilante Azael, según el Capítulo 8, enseñó a la humanidad cómo usar las armas de guerra. Aprendieron hechicería de Shemihaza. Otros demostraron la astrología a los humanos.

Mientras Los Vigilantes y los Gigantes continúan arruinando la Tierra y corrompiendo a los humanos con malos conocimientos, la historia culmina con la humanidad clamando a Dios por ayuda. Dios responde enviando cuatro arcángeles para corregir lo hecho. Ordena a uno advertir a Noé del diluvio venidero, mientras que otro debe confinar y enviar al ángel caído Isaías a la oscuridad. Dios le indica a Gabriel que elimine a los Nefilim en un capítulo horrible, señalándole que vaya donde los "bastardos" y "mestizos" y los destruya.

Finalmente, Dios le asigna al arcángel Miguel el trabajo de encarcelar a Shemihaza, el rey de Los Vigilantes. Dios envía a Enoc a Los Vigilantes para advertirles de su inminente destrucción. El resto de Enoc es principalmente profecía y visiones. Los temas generales que recorren estas predicciones son la esperanza de un Mesías, el juicio final, la salvación, la resurrección y los viajes a través de los cielos. Todos ellos son características definitorias del entorno cultural y el género de 1 Enoc.

Similitudes con el Libro de Daniel

Literatura apocalíptica, o *apocalipticismo judío*, es el término que usan los eruditos para referirse a una colección de obras que se hizo extremadamente popular durante el período del segundo templo. Estas eran escrituras que describían visiones del paraíso en las que un ángel revelaba el fin de los tiempos o el juicio inminente del mundo a un profeta. Enoc es una de las primeras escrituras apocalípticas judías, que se remonta incluso más atrás que otro conocido texto apocalíptico llamado Libro de Daniel.

Si estamos de acuerdo con que Daniel fue escrito en el período helenístico del siglo II a. e. c., las frases asociadas popularmente con Daniel como "Hijo del hombre" y "Mesías" se originan en el libro de Enoc. Enoc tiene una visión del encargo del Hijo del Hombre en un capítulo. Nos dice que él será el bastón del justo, iluminando a las naciones, y toda alma viviente se postrará ante él. Si conoce su Nuevo Testamento, este tipo de frase le resultará familiar, ya que también se aplica a Jesús.

Sin embargo, Enoc es apodado el Hijo del Hombre en este pasaje. "Tú eres el Hijo del Hombre que nació para la justicia" (Capítulo 71 versículo 14). Además, El Libro de Enoc contiene el concepto del infierno, otro concepto teológico cristiano posterior. El concepto de infierno no aparece en los primeros textos de la Biblia hebrea; es una adición posterior que adquirió prominencia durante el período del segundo templo, particularmente en la literatura apocalíptica.

Enoc ve una pequeña fisura que llega al abismo en el capítulo 21, versículo 7, cuando es testigo de un tremendo fuego que ruge. Este versículo señala, "Esta es una prisión para los ángeles. Aquí estarán confinados para siempre". Esencialmente, todo el texto de Enoc se ocupa de la noción de que el mundo actual es malo y requiere juicio y renovación. Nos acercamos a una nueva era. La ira final de Dios está sobre nosotros. Sin embargo, ¿qué pasó con él en los años siguientes? 1 Enoc tuvo una tremenda influencia en las generaciones posteriores de cristianos, judíos e incluso musulmanes. Comencemos con una breve historia de la práctica dentro del judaísmo. 1 Enoc influyó en varias obras judías que no son canónicas. De hecho, otra literatura judía del segundo templo llamada *Jubileos*, preservada en etíope y descubierta en hebreo en Qumrán, es similar a Enoc de muchas maneras. Si bien el Libro de Enoc fue una parte significativa del judaísmo del segundo templo, tiene poca importancia en el judaísmo actual.

La Postura del Judaísmo Rabínico sobre Enoc

El judaísmo rabínico refutó dos importantes afirmaciones hechas en la literatura relacionada con Enoc. Primero, refutó la creencia de que Enoc nunca vio la muerte y que ángeles rebeldes visitaron la tierra durante el diluvio. Como resultado, Enoc no aparece en los libros canónicos de la Biblia hebrea y solo ocasionalmente en la literatura rabínica, y cuando lo hace, lo hace de manera negativa. 3 Enoc es una excepción significativa a la visión generalmente negativa de Enoc en la literatura rabínica. Aquí se cuenta la historia de Enoc convirtiéndose en el ángel Metatrón. Aquí, se le llama un *Yahvé menor* una vez que se ha transfigurado.

Mientras que otras obras rabínicas místicas hacen referencia a Enoc, el judaísmo rabínico no las considera autorizadas. Sorprendentemente, obras cabalísticas como el Zohar alaban a Enoc y lo relacionan con Adán y hacen referencia al Libro de Enoc para aclarar frases bíblicas problemáticas. Annette Reed, estudiosa del cristianismo tardío y el judaísmo, piensa que esto es un producto del intercambio intercultural actual entre judíos y cristianos a lo largo de la antigüedad tardía, porque a los cristianos parecía gustarles mucho este trabajo, al menos inicialmente.

El Libro de Judas del Nuevo Testamento hace una referencia directa a 1 Enoc. Además, es casi seguro que Enoc influyó en la teología de los evangelios y del Libro de Apocalipsis. Por ejemplo, el concepto del Hijo del Hombre, que aparece en el Evangelio de Marcos, tiene una semejanza teológica con 1 Enoc. El Libro de Apocalipsis se asemeja al apocalipsis del Libro de las Parábolas, ya que ambos describen una cámara del trono junto con el juicio final.

Inicialmente, los cristianos consideraban que 1 Enoc era significativo. Los padres de la iglesia como Justino Mártir e Ireneo hicieron referencia y utilizaron el libro. Incluso Chartullian mantiene la autoridad del libro, y la Epístola de Bernabé, que no es canónica, se refiere a él como escritura. Enoc, sin embargo, parecía haber perdido popularidad en el siglo IV. Para los siglos VII y VIII, prominentes padres de la iglesia como Agustín y

Jerónimo ya lo habían condenado. 1 Enoc mantuvo su popularidad únicamente en Etiopía, el cual todavía está incluido en el canon bíblico de la Iglesia ortodoxa etíope. El cristianismo etíope tiene un canon bíblico significativamente más grande que las otras ramas del cristianismo, que consta de más de 81 libros. Al incorporar a Enoc, el libro ha dejado una marca indeleble en los cristianos etíopes.

El Segundo Libro de Enoc

2 Enoc habla de los *Grigori*, muy parecidos a los mismos seres que Los Vigilantes. Son innumerables soldados que parecen humanos, pero son más grandes que el más grande de los gigantes. Tienen su hogar en el quinto cielo, y ellos, junto con Satanail, su príncipe, se rebelaron contra Dios. Una de las versiones de 2 Enoc dice que eran 200 miríadas, lo que en lenguaje moderno equivale a 2 millones. Al igual que en el primer libro de Enoc, bajaron del Cielo a la Tierra y se casaron con mujeres humanas, y esto los llevó a ser encarcelados bajo tierra.

Antes de que los humanos fueran creados, en el segundo día, para ser precisos, está escrito que uno de la orden de los arcángeles tuvo un "pensamiento imposible". Él había querido poner su trono tan alto como el Señor Dios para que pudieran tener la misma posición. Por eso Dios lo desterró del Cielo junto con sus ángeles, y siguió moviéndose por los aires "sobre el abismo".

Según el *Diccionario de la Biblia de Mercer,* hay una diferencia entre los ángeles caídos y los Grigori, ya que en el quinto cielo, Enoc llega a ver gigantes que eran hermanos de los ahora seres caídos.

Capítulo 4: Nefilim — Los Ángeles Caídos

En la Biblia hebrea, los Nefilim son un grupo de seres espirituales misteriosos que son increíblemente grandes y fuertes, que existieron antes y después del Gran Diluvio. Se hace referencia a ellos en los libros de Génesis y Números, y posiblemente en Ezequiel. La palabra Nefilim proviene del hebreo *nefilim*, que a veces se traduce como "gigantes", y en otras ocasiones se refiere a "los caídos", gracias a la palabra hebrea para la frase "caer", *naphal*. Sin embargo, existe cierto debate entre los estudiosos sobre quiénes son estos seres.

Qué Dicen las Escrituras

En Génesis, capítulo 6, versículo 4, justo antes del relato del Gran Diluvio, dice la Escritura: *"Había Nefilim en la tierra en aquellos días, y también después que se unieron los hijos de Dios a las hijas de los hombres y les engendraron hijos. Estos fueron los valientes que desde la antigüedad fueron varones de renombre".*

El libro de Números, Capítulo 13, versículos 32 al 33, también menciona a estos seres cuando el pueblo de Dios (los israelitas) se preparaba para dirigirse a Canaán. Dice la Escritura:

> "Y hablaron mal entre los hijos de Israel, de la tierra que habían reconocido, diciendo: *La tierra por donde pasamos para reconocerla, es tierra que traga a sus moradores; y todo el pueblo que vimos en medio de ella son hombres de grande estatura.*

> *También vimos allí Nefilim, hijos de Anac, raza de los Nefilim, y éramos nosotros, a nuestro parecer, como langostas; y así les parecíamos a ellos".*

Los eruditos debaten que los "valientes caídos" de los que se habla en el libro de Ezequiel, capítulo 32, versículo 27, se refieren indirectamente a los Nefilim, ya que la frase hebrea es un poco vaga. Este pasaje habla de los estados y del hoyo de la tumba, diciendo:

> *"Y no yacerán con los fuertes de los incircuncisos que cayeron, los cuales descendieron al Seol con sus armas de guerra, y sus espadas puestas debajo de sus cabezas; mas sus pecados estarán sobre sus huesos, por cuanto fueron terror de fuertes en la tierra de los vivientes".*

Dado que el pasaje de Génesis es demasiado vago, existen muchas interpretaciones de la conexión entre los Nefilim y los hijos de Dios. Una escuela de pensamiento sostiene que los hijos de Dios son lo mismo que los ángeles caídos y que los Nefilim son los hijos que tuvieron con mujeres humanas. Este punto de vista fue mencionado en 1 Enoc y es muy popular. Además, en el Libro de Enoc, se afirma que los Nefilim eran gigantes, y ese hecho se alinea muy bien con la frase "hombres de grande estatura" que encontramos en el pasaje del libro de Números. Se dice que los Nefilim recibieron sus rasgos gigantes de fuentes sobrenaturales, pero algunos argumentan que la falla en esta lógica es que los demonios y los ángeles son completamente espirituales y, por lo tanto, no tienen la capacidad de aparearse con los humanos, y mucho menos reproducirse.

Otra escuela de pensamiento cree que los Nefilim son solo personas normales que dejaron de seguir el camino de la rectitud. Creen que la frase "hijos de Dios" se refiere a los descendientes de Set, siendo Set el hijo virtuoso restante de Adán. Los defensores de este punto de vista creen que los Nefilim son personas del linaje que le dio la espalda a Dios. Esto también se conoce como el punto de vista setiano, en el cual creían firmemente San Agustín y otros Padres de la Iglesia. El punto de vista setiano también sostiene que "hijas de los hombres" se refiere a las mujeres del linaje de Caín, que eran impías. Recuerde, Caín fue el primer asesino en la tierra. Consideran la frase "gran tamaño" más como una metáfora, o, aunque sea literalmente, no piensan en estos Nefilim como gigantes en ese sentido de la palabra. Sin embargo, admiten que estos seres eran guerreros por derecho propio.

Análisis Posterior del Libro de Enoc

El Gran Diluvio es una historia que comienza hacia el final de la *Parashat Bereshit* y continúa en la *Parashat Noé*. En el libro de Génesis, Capítulo 6, versículos 5 y 6, dice la Escritura:

> *"Y vio Jehová que la maldad de los hombres era mucha en la tierra y que todo designio de los pensamientos del corazón de ellos era de continuo solamente el mal. Y se arrepintió Jehová de haber hecho al hombre en la tierra, y le pesó en su corazón".*

Nada en la Torá habla específicamente sobre esta maldad, pero la interpretación del judaísmo temprano nos ayuda a llenar los espacios en blanco. *El Libro de los Vigilantes* aborda el origen del mal. La palabra "Vigilantes" se deriva del término arameo que significa "los despiertos" y se puede encontrar en el libro de Daniel Capítulo 4 versículos 10, 14 y 30. Estos son ángeles que nunca duermen y se muestran como *benei ha-elohim* (que significa "hijos de Dios") en Génesis Capítulo 6 versículos 1 al 4, justo después del diluvio, donde dice la Escritura:

> *"Y acaeció que cuando comenzaron los hombres a multiplicarse sobre la faz de la tierra y les nacieron hijas, y viendo los hijos de Dios que las hijas de los hombres eran hermosas, tomaron para sí esposas, escogiendo entre todas. Y dijo Jehová: No contenderá mi espíritu con el hombre para siempre, porque ciertamente él es carne; y serán sus días ciento veinte años. Había gigantes en la tierra en aquellos días, y también después que se unieron los hijos de Dios a las hijas de los hombres y les engendraron hijos. Estos fueron los valientes que desde la antigüedad fueron varones de renombre".*

Este pasaje condujo a muchas historias sobre estos ángeles y sus actos pecaminosos.

El Pecado de los Vigilantes — Tres Versiones

Primero, está el hecho de que los Vigilantes enseñaron a los humanos cómo fabricar armas para la guerra y maquillaje para la belleza, los cuales se consideraban conocimientos prohibidos para los humanos. Según un relato, el ángel Azael desciende a la tierra para enseñar a las mujeres cómo adornarse para alentar pensamientos lujuriosos en los hombres y enseñarles cómo hacer armas mortales que podrían usar para ir a la guerra entre sí. Dice la Escritura:

"Y Azael enseñó a los hombres a fabricar espadas de hierro y corazas de cobre y les mostró cómo se extrae y se trabaja el oro hasta dejarlo listo y en lo que respecta a la plata a repujarla para brazaletes y otros adornos. A las mujeres les enseñó sobre el antimonio, el maquillaje de los ojos, las piedras preciosas y las tinturas. Y entonces creció mucho la impiedad y ellos tomaron los caminos equivocados y llegaron a corromperse en todas las formas".

Este conocimiento prohibido condujo a una gran cantidad de pecados, lo que hizo que Dios limpiara la tierra con un diluvio.

Luego, le dieron al hombre el conocimiento de la magia y otras cosas prohibidas. Dice la Escritura: *"Y les enseñaron encantamientos y hechizos, y les mostraron el corte de raíces y árboles (medicina)".*

Luego está el pecado final de tener sexo con mujeres, y a causa de ello, engendrar bebés. Dice la Escritura:

"Y aconteció que cuando los hijos de los hombres se multiplicaron, en aquellos días les nacieron hermosas y hermosas hijas. Y los ángeles, los hijos del cielo, las vieron y las desearon. Y se dijeron unos a otros: 'Venid, escojamos para nosotros esposas entre los hijos de los hombres, y engendremos para nosotros hijos'. Y Shemihaza, que era su líder, les dijo: 'Temo que no queráis cumplir con esta acción, y sea yo el único responsable de este gran pecado'. Y todos le respondieron y dijeron: 'Hagamos todos un juramento, y unámonos unos a otros con maldiciones para no alterar este plan, sino para llevarlo a cabo con eficacia'. Y ellas (las mujeres) quedaron embarazadas y dieron a luz grandes gigantes, y su altura [era] de tres mil codos. Estos devoraron todo el trabajo de los hombres hasta que los hombres no pudieron sostenerlos. Y los gigantes se volvieron contra ellos para devorar hombres. Y comenzaron a pecar contra las aves, y contra los animales, y contra los reptiles y contra los peces, y se devoraban la carne unos a otros y bebían la sangre de ella. Entonces la tierra se quejó de los inicuos".

Dado que esta unión no era natural, inevitablemente condujo a resultados terribles. Los gigantes que llevaban las mujeres causaron muchos problemas a todos y provocaron que todas las criaturas del mundo se convirtieran en parte de su violencia. En la tercera versión de esta historia, los gigantes finalmente fueron asesinados, pero sus espíritus eran de seres divinos que eran inmortales y, por lo tanto, no podían ser destruidos por completo, pero tampoco podían ir al cielo. Entonces, se convirtieron en los espíritus malignos que plagan la tierra, causando maldad moral y física. Dice la Escritura:

> *"Y ahora los gigantes que nacieron de los espíritus y de la carne, serán llamados espíritus malignos en la tierra, y en la tierra será su morada. Y de su carne salieron malos espíritus, porque de arriba fueron creados; de los Santos Vigilantes fue su origen y primera fundación. Habrá malos espíritus sobre la tierra, y espíritus de los malos serán llamados. Y la morada de los espíritus del cielo está en el cielo, pero la morada de los espíritus de la tierra, que nacieron en la tierra, [está] en la tierra. Y los espíritus de los gigantes... que hacen mal y se corrompen, y atacan y pelean y se quebrantan en la tierra, y causan dolor, y no comen alimento y no tienen sed, y no son observados. Y estos espíritus se levantarán contra los hijos de los hombres y contra las mujeres porque salieron [de ellos]".*

Si desea más información sobre esta historia, puede leer el Libro de los Jubileos. También puede encontrar un poco de ella en los encantamientos y oraciones de Qumrán que ridiculizan a los espíritus "bastardos". Tenga en cuenta que todas las citas aquí están tomadas de *El Libro Etíope de Enoc: Una Nueva Edición a la Luz del Fragmento del Mar Muerto Arameo* de Michael Knibb.

¿Fueron Engañados Dee y Kelley?

Algunos creen que la verdad sobre la magia enoquiana es que se la enseñaron a Dee y Kelley los mismos espíritus caídos de antaño, disfrazados de benévolos. Parece especialmente plausible cuando se considera que los eventos del capítulo 6 de Génesis, versículos 1 al 4, ocurrieron en el mismo período en que Enoc estaba vivo. Sin embargo, este punto de vista no es muy popular. Si esto es cierto, entonces tiene que pensar en cuáles podrían ser las implicaciones. Según los Puristas de Dee, practicantes de la magia enoquiana, dado que Dee y Kelley no escribieron nada sobre los Nefilim en sus diarios y notas, eso significa que no hay nada de qué preocuparse.

Otro Ángulo

Esta historia suena como algo de Hollywood, que no debe tomarse en serio. Dicho esto, es difícil descartarla, ya que muchas religiones paganas hablan de los hijos de los dioses, lo suficiente como para preguntarse si es solo un mito o si hay algo más en el asunto. Si no es solo mitología, entonces, ¿cómo puede la conciencia sin un cuerpo (ángeles invisibles) aparearse con un ser físico y reproducirse?

Al revisar los relatos paganos, puede encontrar que muchas historias muestran que los mortales y los inmortales coexistieron, o al menos podían cerrar la brecha entre ellos. Es solo en nuestros tiempos que nos hemos vuelto desdeñosos con esta idea, excepto por la historia de cómo María, una virgen, quedó embarazada del Espíritu Santo. ¿Cómo podemos descartar toda la tradición pagana que sugiere que los dioses se aparearon con humanos mientras nos aferramos a la historia de la concepción de Jesús como verdad? Es posible o imposible.

También está la cuestión de si debemos tomar estas historias literalmente o como metáforas. Si vamos por el camino literal, ¿podría ser que estos dioses, ángeles o espíritus sean extraterrestres? Puede parecer plausible, pero ese tipo de pensamiento lleva a muchas más preguntas y teorías que simplemente no cuadran. La mejor manera de mirar estos mitos es desde un ángulo puramente oculto, eliminando la materia y las leyes que rigen el mundo físico. ¿Y si todo esto fuera puramente alegórico?

El primer versículo del capítulo 6 de Génesis habla de que la humanidad se vuelve muy poblada y tiene muchas hijas hermosas. La palabra *Chalal* significa "profanar" o "ser común". Estos versículos fácilmente podrían implicar que los humanos profanaron la tierra al volverse demasiado comunes, reproduciéndose tan rápido que éramos demasiados. También es interesante que el versículo habla de hijas que nacen de humanos solo cuando nos volvimos demasiados, pero los eruditos han dicho que esto podría haber sido de otra fuente y, por lo tanto, fuera de contexto.

El versículo 2 habla de los hijos de Dios tomando conciencia de la belleza de las hijas de los hombres y eligiendo con quién estarían. La traducción original de ese texto no dice nada sobre el matrimonio o las esposas, sino solo una selección de las bellas "así designadas". Además, el proceso no fue aleatorio, ya que la palabra "designado" proviene de la palabra hebrea nasim, que implica recibir un honor especial o ser superior a los demás de alguna manera.

El versículo 3, nuevamente, parece estar fuera de contexto, ya que es simplemente Dios negándose a permitir que su espíritu permanezca para siempre en los hombres, y por lo tanto decidió limitar la vida del hombre a 120 años, cuando antes de esa decisión, los hombres vivían hasta la edad 800 o 900 años, como Matusalén.

El cuarto versículo habla de los Nefilim que existieron antes y después del Gran Diluvio, luego habla de que tuvieron hijos de las mujeres humanas, y esos hijos eran los *haggicorim*, también conocidos como "hombres del nombre" o anshe ha-shem. Esto significa que los niños eran famosos y tenían nombres para recordar siempre o de gran importancia. Como nos inclinamos hacia un ángulo esotérico, podríamos decir que se trataba de hechiceros que conocían el lenguaje secreto del poder. Fueron llamados "los grandes", lo que puede interpretarse fácilmente como "gigantes", y esa es solo una forma de definir la palabra Nefilim.

Nefilim proviene de la raíz aramea y hebrea *nphl*, que significa "caer". Por lo tanto, podrían haber sido humanos de tamaño normal que eran "grandes hombres" no en el contexto de ser gigantes, sino que tenían muchos logros, destreza intelectual o fuerza en la batalla, y su caída podría interpretarse como espiritual. También vale la pena señalar que los mismos hijos de Dios que tomaron compañeros humanos enseñaron a la humanidad las ciencias de la astronomía, la escritura, el adorno, la arquitectura, la agricultura y más, que son todas las cosas que han llevado a nuestra civilización actual. También enseñaron hechicería y magia y, por lo tanto, fueron condenados y maldecidos por Yahvé, según el libro de Enoc. Sin embargo, una cosa a tener en cuenta es que no eran hijos de Yahvé, un poco de Elohim, y como tales, no tenían a nadie a quien responder sino al Panteón semítico, Asherah y El.

Algunos teólogos creen que no existen los ángeles caídos y que son simplemente una metáfora de los príncipes extranjeros que se casaron con plebeyas no por deber, sino por lujuria. Dicen que estos príncipes tenían linajes inmaculados, pero su lujuria los llevó a diluir su linaje al estar con mujeres de menor rango. Sin embargo, esto no suena cierto, no para el mago enoquiano.

Para responder a nuestra inquietante pregunta de cómo el inmortal sin carne puede aparearse con un humano, tenemos que averiguar quién es realmente una hija o un hijo de Dios. ¿Podría ser una operación de magia que en realidad está hablando de personas que han sido consagradas, tomadas como deidades y luego tuvieron relaciones sexuales con otra pareja consagrada? Esta es una forma plausible de considerar las cosas, ya que la magia sexual siempre ha sido parte de las antiguas religiones paganas. Los niños nacidos de esos rituales serían naturalmente llamados hijos de diosas o dioses de ese rito. La religión hebrea tiene antiguas raíces paganas, por lo que no sería descabellado considerar este ángulo. Los gigantes podrían haber sido personas sencillas, hombres y mujeres que tenían padres sagrados y, como tales, eran considerados especiales, consagrados e incluso tenían su propio culto, lo que significa que eran famosos como sus padres.

Cayo Julio César, apodado el "más grande Primer Hombre de Roma", también incluyó a la diosa Venus en su linaje familiar. Los Julianos fueron venerados como "hijos de los dioses". Sus grandes logros dieron más credibilidad a ese título. No es el primer gran hombre que ha afirmado que su linaje está arraigado en la divinidad. Teniendo este marco en mente, usted puede tener un hijo mágico, ya que todo se reduce a una magia muy avanzada. Es posible imbuirse de la gloria y los atributos de una divinidad identificándose con la divinidad dentro de sí mismo, sirviendo espiritualmente y asumiendo la divinidad usted mismo.

Esto implica que nunca ha habido una barrera entre la humanidad y la divinidad, excepto en la mente de aquellos que creen que existe. En el paganismo, entonces y ahora, es posible tener una experiencia de primera mano de los dioses a través de sustitutos elegidos. Por lo tanto, a través de la magia enoquiana, puede convertirse en un canal para la expresión de la divinidad. Hay tanto conocimiento esperándolo cuando comience a comunicarse con el mundo de los espíritus. Al igual que John Dee y Edward Kelley, también puede obtener el conocimiento que necesita sobre la magia enoquiana por usted mismo, aprendiendo incluso lo que ellos no llegaron a descubrir. De esta manera, usted también puede llegar a ser como los gigantes del mito. La elección de qué hacer con el conocimiento que obtiene depende de usted, ya sea para bien o para mal. La puerta siempre está abierta, y todo lo que tiene que hacer es atravesarla.

Capítulo 5: Conversando con Arcángeles

Los Vigilantes también se denominan los Siete Arcángeles, y su trabajo debería ser velar por la humanidad. Puede encontrar estas entidades míticas en la religión abrahámica sobre la cual se fundaron el judaísmo, el islam y el cristianismo. En De Coelesti Hierarchia of Pseudo-Dionysius, que fue escrito en algún momento del siglo IV o V e. c., hay una jerarquía de nueve niveles de las huestes del cielo:

- Ángeles
- Arcángeles
- Principados
- Poderes
- Virtudes
- Dominios
- Tronos
- Querubines
- Serafines

Los ángeles son los más bajos, reemplazados por los arcángeles. La Biblia judeocristiana tiene siete arcángeles, siendo Gabriel y Miguel los únicos mencionados por nombre en la Biblia canónica. Los otros ángeles fueron sacados de esta Biblia en el siglo IV en el Concilio de Roma.

Antecedentes

El texto apócrifo de Qumrán, el Libro de Enoc, habla de otros cinco arcángeles además de Gabriel y Miguel. Ellos son Uriel, Raguel, Rafael, Remiel y Zerachiel. Estos ángeles son parte de la mitología de los ángeles caídos, una historia antigua que existió incluso antes del Nuevo Testamento de Cristo. Estas historias provienen del período del Primer Templo (la Edad del Bronce) en el siglo X a. e. c., cuando se construyó el templo de Salomón. También puede encontrar cuentos como estos en hurrita, griego antiguo y el Egipto helenístico. Los nombres de estos ángeles son originarios de Mesopotamia, una civilización babilónica.

El mito implica que la caída del hombre no es enteramente obra del hombre, sino que fue causada por los ángeles caídos, junto con Azael y su líder Shemihaza. Los arcángeles intervinieron en nombre de la humanidad después de que estos ángeles habían hecho demasiado daño a la Tierra.

Durante el período del Segundo Templo, el mito tomó otro giro. David Suter y otros eruditos religiosos dijeron que este mito se trataba realmente de las reglas de la endogamia, una ley sobre con quién puede casarse un sumo sacerdote del templo, en la tradición judía. Algunos creen que esta historia pretende advertir a los líderes religiosos que no se casen fuera del sacerdocio y de familias específicas de la comunidad para que su línea familiar pueda permanecer pura.

El Ángel Caído en el Libro del Apocalipsis

La Biblia protestante y la Iglesia católica cuentan la batalla entre Lucifer, un ángel caído, y Miguel, un arcángel. La batalla está documentada en el Libro de Apocalipsis, no en la tierra, sino en el cielo. Lucifer hace la guerra contra toda una hueste de ángeles, pero Miguel es el único nombrado entre el resto. El papa Dámaso y el Concilio de Roma sacaron las porciones restantes de la historia de la Biblia canónica.

Miguel

El arcángel Miguel es el primer arcángel de Dios y el más importante. Miguel se traduce como "¿Quién es como Dios?" que habla de la guerra entre los arcángeles y los ángeles caídos (causada por Lucifer queriendo ser como Dios). Por lo tanto, se podría decir que Michael era la antítesis de Lucifer.

https://pixabay.com/photos/engraving-archangel-michael-wall-2027040/

Según la Biblia, Miguel es el que aboga en nombre del pueblo de Dios (los israelitas) y es también el *ángel general*. Apareció en las visiones de Daniel cuando estaba en el foso de los leones. Es Miguel quien dirige los ejércitos de Dios a la batalla con una gran espada contra Satanás en el Apocalipsis de Juan. También es el patrón del Sacramento de la Sagrada Eucaristía. En los círculos ocultistas, se le vincula con el Sol y el Domingo.

Gabriel

Este arcángel es el santo mensajero de Dios. También es el arcángel de la revelación, la sabiduría, las visiones y la profecía. Su nombre significa, "Dios se ha revelado poderosamente", o "héroe de Dios", o "fortaleza de Dios". Él es el que se acercó a Zacarías, el sacerdote, para hacerle saber que él y su esposa tendrían un hijo, Juan el Bautista. También se apareció a María, la madre de Jesús, para hacerle saber que ella concebiría y daría a luz al Salvador del mundo, el Cristo. Gabriel es el patrono del Sacramento del Bautismo. En las sectas ocultas, se le asocia con la Luna y el Lunes.

See page for author, CC BY 4.0 <https://creativecommons.org/licenses/by/4.0>, via Wikimedia Commons
https://commons.wikimedia.org/wiki/File:The_angel_Gabriel_announces_the_birth_of_Jesus_to_Mary;_the_Wellcome_V0034571.jpg

Rafael

Este arcángel no se nombra en la Biblia canónica, pero se cree que el Libro de Juan, Capítulo 5, versículos 2 al 4, son una referencia a él que no fue eliminada. La Escritura dice:

> *"En [el estanque de Betsaida] yacía una gran multitud de enfermos, de ciegos, de cojos, de marchitos; esperando el movimiento del agua. Y un ángel del Señor descendía en ciertos momentos al estanque, y el agua se movía. Y el que descendió primero al estanque después de que el movimiento del agua fue sanado, de cualquier enfermedad en que yaciera".*

El nombre de Rafael significa "el sanador de Dios" o "Dios sana". Es el arcángel de la curación. Lo puede encontrar en el libro de Tobías (un libro apócrifo). El patrón del Sacramento de la Reconciliación, Rafael, está vinculado a Mercurio y el Martes en las sectas ocultas.

Neri di Bicci, CC0, via Wikimedia Commons
https://commons.wikimedia.org/wiki/File:The_Archangel_Raphael_and_Tobias_MET_DT3049.jpg

El Resto de los Arcángeles

Estos arcángeles no se encontrarán en las versiones modernas de la Biblia, ya que el Concilio de Roma de 382 e. c. consideró que el Libro de Enoc no era canónico, por lo que lo sacaron de la Biblia, no considerándolos dignos de veneración.

Uriel

El nombre de Uriel significa "Fuego de Dios". El nombre de Uriel significa "Fuego de Dios". El arcángel del Arrepentimiento y los Condenados, era el Vigilante destinado a vigilar el Hades. Vinculado a Venus y al Miércoles en la literatura oculta, es el patrón del Sacramento de la Confirmación.

Remiel

También llamado Jeremiel, Jehudiel, o Jerameel, el nombre de Remiel significa "la Compasión de Dios", "Misericordia de Dios" o "Trueno de Dios". Es el arcángel de los sueños o la esperanza y la fe. También es el patrón del Sacramento de la Unción de los Enfermos y está vinculado en la literatura ocultista a Saturno y los jueves.

Raguel

También llamado Sealtiel, el nombre de Raguel significa "Amigo de Dios". Patrono del Sacramento del Orden Sagrado, está vinculado a Marte y al viernes en la literatura oculta.

Zerachiel

Zerachiel es también llamado Sariel, Serafiel, Baruchel, o Saraquel. Su nombre significa "mandato de Dios". Este arcángel está a cargo del Juicio de Dios, y también es el patrón del Sacramento del Matrimonio. En las sectas ocultas, se le asocia con Júpiter y el sábado.

Cómo los Arcángeles Salvaron a la Humanidad de los Vigilantes

Ya sabe que los Vigilantes, que se suponía que debían cuidar la tierra y no interferir en los asuntos de los hombres, decidieron interferir de todos modos y, como resultado, se acostaron con mujeres mortales y dieron a luz a los Nefilim monstruosos. Los Nefilim destruyeron casas, se alimentaron de los animales de la gente, de los cultivos, de la gente misma y, finalmente, de los demás. Igual de insidioso, Azael, un Vigilante, estaba pasando el mejor momento de su vida enseñando a los humanos cómo fabricar armas para matarse unos a otros y cómo elaborar estrategias para la guerra. Shemihaza enseñó a los humanos hechicería y otras cosas que Dios no había querido que el hombre supiera, y esto puso al mundo de cabeza.

La destrucción de los Nefilim y sus padres celestiales (los Vigilantes) fue tan devastadora que los humanos lloraron y los arcángeles escucharon. Miguel, Rafael, Uriel y Gabriel miraron hacia abajo y vieron la locura. Inmediatamente buscaron a Dios, haciéndole saber lo que estaba pasando. Dijeron al Creador:

> *"¡Señor de señores, Dios de dioses, Rey de reyes y Dios de siglos, el trono de Tu gloria (está) por todas las generaciones de los siglos, y Tu nombre santo, glorioso y bendito por todos los siglos! Tú hiciste todas las cosas, y tienes poder sobre todas las cosas: y todas las cosas están desnudas y abiertas a Tus ojos, y Tú ves todas las cosas, y nada puede esconderse de Ti".*

Presentaron sus respetos a Dios antes de discutir lo que estaban haciendo los ángeles, demostrando su lealtad a Él. Primero, nombraron a Azael, atribuyéndole mucha culpa por enseñar a la gente de la tierra a ser injustos, mostrándoles secretos eternos de guerra y matanza; eso era incluso peor que la alquimia y la hechicería que los ángeles habían compartido. Parecía mucho más interesado en causar conflictos en la tierra que en buscar mujeres hermosas. Es claro ver que, por una vez, no es la humanidad la que está pecando, sino que están siendo instigados a hacer cosas malas por los seres destinados a guiarlos correctamente.

Los arcángeles defienden a la humanidad ante Dios, dejando en claro que el caos está en los Vigilantes. También revelan información sobre los Nefilim. Los arcángeles expresan su indignación por la violencia y el pecado que está ocurriendo en la tierra, y su empatía por la humanidad es inconfundible. También es interesante notar que hablan acusatoriamente a Dios. Después de todo, Dios conoce todas las cosas antes de que sucedan, lo que significa que Él sabía que esto sucedería y, sin embargo, no hizo nada. Esto también nos muestra que, si bien los arcángeles están cerca de Dios, no conocen los detalles de su plan y están tan indefensos como nosotros cuando se trata de averiguar qué viene después.

Dios le dice a Uriel que le informe a Noé que una inundación acabará con el mundo y que necesita construir un arca. Si está familiarizado con la historia del arca de Noé de Génesis, entenderá por qué Dios tuvo que acabar con el mundo para deshacerse del caos que los Vigilantes habían provocado. Dios había descubierto que Noé era la única persona justa de ese período y quería mantenerlo a salvo. Parecía que no se podía confiar en el resto de la humanidad, ya que se habían enamorado de las travesuras de los Vigilantes.

Luego, Dios le ordenó a Rafael que buscara a Azael el Vigilante y lo confrontara por todo el mal que había hecho contra los humanos. Debía atar los pies y manos del ángel, arrojarlo a la oscuridad, luego crear una abertura en el desierto en Dudael y arrojarlo allí. Luego Rafael debía poner rocas dentadas sobre el ángel y cubrirlo con oscuridad, para después dejarlo en ese lugar por toda la eternidad hasta el día del juicio cuando sería arrojado al fuego eterno.

Dios dio más instrucciones a los arcángeles y proclamó que la tierra estaba sana y que la humanidad no perecería por todo el conocimiento prohibido que tenían. No está del todo claro si Dios habló específicamente a Rafael o estaba emitiendo una orden para el resto de los arcángeles, pero quería que la tierra volviera a estar completa. Entonces, es paradójico que les pidiera a los arcángeles que proclamaran la sanidad de la tierra cuando él también quería inundarla. Se teoriza que simplemente no quería que los humanos corruptos perecieran a manos de los arcángeles. Quería asumir la responsabilidad por lo que había sucedido quitándoles la vida con el diluvio, pero dejándolos entrar al cielo, ya que el pecado no era realmente culpa de ellos.

Luego, al Arcángel Gabriel se le dio la orden de destruir a los Nefilim, para que se vuelvan contra los de su propia especie y se destruyan a sí mismos en la batalla. Gabriel podía hacer que los enemigos de Dios se enfrentaran entre sí, y esto era algo fácil de hacer, ya que los Nefilim ya habían comenzado a canibalizarse a sí mismos. También es interesante ver cómo Gabriel es menos un mensajero (como lo es en la Biblia canónica) y más un guerrero como Miguel. Igualmente fascinante es cómo su estilo de lucha significa que sus manos están técnicamente libres de derramamiento de sangre, ya que todo lo que tiene que hacer es manipular a los Nefilim para que luchen entre sí.

Luego, Dios descargó su ira sobre el gran villano, Shemihaza, y asigna a Miguel para capturarlo a él y a todos los demás Vigilantes restantes en la tierra. Él le dice a Miguel que los ate a todos, y después de haber visto a sus propios hijos matarse unos a otros, serán atados durante 70 generaciones en valles a lo largo de toda la tierra hasta que llegue el día del juicio. Se especula que Dios quiso que fueran arrojados en el mismo lugar que Azael. El hecho de que Dios quisiera que los Vigilantes vieran a sus hijos destrozarse muestra que los ángeles caídos podrían haber tenido sentimientos paternales por sus hijos y se habrían sentido profundamente dolidos al verlos asesinarse unos a otros de esa manera.

Dee, Kelley y los Siete Ángeles Secretos

El sistema mágico enoquiano que Dee y Kelley nos han dado les fue dado por el ángel Uriel. Tiene un cuadrado mágico, en el que hay siete ángeles secretos: Gabriel, Miguel, Rafael, Zadkiel, Zaphkiel, Haniel y Camael. Para ser claros, los arcángeles son solo siete, aunque es posible que vea que sus nombres difieren de un manuscrito a otro.

Dee registró cientos de conversaciones con los ángeles desde 1583 hasta 1587. Uno de los registros más antiguos de estas comunicaciones angelicales comenzó con una oración en la que aclaró su motivación. Insinuó que desde que era más joven, oraría por "sabiduría pura y sólida y comprensión de tus verdades (de Dios), naturales y artificiales". Hizo todo lo que pudo para adquirir conocimiento, para buscar la verdad última. Reunió todos los libros, estudió mucho y produjo sus teorías, pero pronto se agotó con este método de buscar conocimiento a través de la óptica, las matemáticas, la historia, la geografía, la astrología, la navegación y todas las demás áreas que había dominado. No le dieron el resultado que esperaba. Sintió que la mejor manera de obtener las respuestas que deseaba era comunicarse con los ángeles, quienes lógicamente las conocerían, ya que estaban solo un paso por debajo de Dios mismo y, por lo tanto, estarían al tanto de la sabiduría y el conocimiento del Creador Supremo.

Dee sabía muy bien que los ángeles se habían comunicado con Moisés y Enoc en el pasado en nombre de Dios, permitiéndoles obtener la sabiduría que ahora buscaba desesperadamente. Por lo tanto, con este precedente bíblico establecido en su mente, creyó que podría obtener sabiduría esotérica de estos seres antes del amanecer de los tiempos. Quería tanto aprender lo que Adán alguna vez había sabido y luego perdió en su caída en desgracia. Sabía que los ángeles serían capaces de proporcionar las piezas que faltaban a las artes de la magia y la adivinación, que eran sólo unas pocas piezas de la sabiduría total y prístina. Entonces, para Dee, este proceso de pensamiento fue muy sólido, tanto intelectual como espiritualmente. Todo lo que quería era cerrar la brecha entre la sabiduría humana llena de errores y la sabiduría de Dios.

Dee tenía una habitación en su casa que estaba consagrada para tener conversaciones con los ángeles. Él y Kelley comenzarían con un momento de oración en silencio. Dee le pediría a Dios que enviara a sus ángeles, reconociendo a Dios como la fuente de toda sabiduría y pidiendo que él y Kelley sean considerados dignos de recibir comprensión. A diferencia de otras formas de magia medieval, no necesitaban incienso, himnos o encantamientos, rituales o ceremonias, velas o amuletos para atraer a los ángeles planetarios hacia ellos. Todo lo que tenían era una piedra que muestra, que el vidente usaría para ver a los ángeles.

Más Magia

Fue Kelley quien vio a los ángeles y les habló, no Dee. Todo lo que Dee hizo fue hacer preguntas y anotar las respuestas que los ángeles le dieron a Kelley. Con el tiempo, otros elementos rituales entraron en sus conversaciones, mientras que, al principio, solo necesitaban una piedra de adivinación. Los ángeles hablaron con el dúo sobre una mesa de práctica que debían decorar con símbolos místicos y discos de cera en los que debían inscribir un sello de Dios. Debían colocar estos discos debajo de las patas de la mesa y debajo de la piedra de exhibición sobre la mesa.

Muchos espíritus vinieron a Kelley y tuvieron muchas conversaciones profundas. Los visitantes más frecuentes eran Gabriel, Uriel y Rafael. Había otro habitual además de esos tres llamados Madimi. Aparecían como apariciones en diferentes formas, a veces como un labrador rojo, una niña pequeña, una solterona con cabello amarillo o una criatura alta y enorme. A medida que Kelley conversaba con estos seres celestiales, se transmitieron a Dee dos tipos principales de conocimiento. Le dieron muchas tablas que se asemejaban a cuadrículas que se suponía que eran un alfabeto angelical. Estas representaban el lenguaje de la divinidad que ayudaría a Dee a conocer la verdadera naturaleza del universo. También le dieron los nombres de los ángeles y sus funciones, así como las partes del aire de las que estaban a cargo, las tribus angélicas de las que eran y cuántos subordinados gobernaban.

La información que Dee recibió sobre la jerarquía angelical fue para darle mando sobre los ángeles y acceso para participar en la sociedad de los ángeles. Desafortunadamente, nunca pudo ascender en la jerarquía universal con magia religiosa. Las jerarquías espirituales y el lenguaje angelical que le habían dado no eran la sabiduría prístina real que él quería, sino simplemente una forma de acceder al conocimiento. Además, la jerarquía y el idioma no estaban del todo completos, por lo que murió sin descubrir los secretos de la naturaleza. Afortunadamente, tomó notas meticulosas de todo lo que había hecho para que pudiéramos descubrir por nosotros mismos lo que había logrado.

Capítulo 6: Cábala 101

Cábala significa "tradición", "recepción" o "correspondencia". Es una disciplina, método y escuela de pensamiento esotérica en el misticismo judío. Un practicante o cabalista se conoce tradicionalmente como *Mequbbal* en el judaísmo. El significado de la Cábala depende de la tradición y los objetivos de los seguidores. Originalmente era una parte importante del judaísmo, pero con el tiempo ha sido adaptada por el esoterismo occidental. Entonces, ahora tenemos la Cábala Hermética y la Cábala Cristiana.

La Cábala Hermética es el fundamento de la filosofía de sociedades mágicas como las órdenes Thelémicas y el Amanecer Dorado. También es el fundamento de sociedades místico-religiosas como la Fraternidad de la Rosacruz y los Constructores del Adytum. Durante el Renacimiento, surgió junto con la Cábala cristiana. Esta última también se había vuelto popular debido al interés que los eruditos cristianos habían desarrollado en la Cábala judía y sus principios místicos, que interpretaban a través de la lente de la teología cristiana. Los eruditos cristianos deletreaban la palabra como "Cábala" para distinguirla tanto de la Cábala judía como de la hermética.

La Cábala judía consiste en el conocimiento esotérico sobre la relación entre el Dios constante, que nunca cambia, y el universo mortal y en constante cambio. Dios es Ein Sof, incognoscible, misterioso, infinito e inmortal. Su creación es exactamente lo contrario de esto.

Los cabalistas judíos habían producido su propia forma de transmitir textos sagrados en el contexto de la tradición judía y se remontan a las escrituras judías para dar más credibilidad a sus enseñanzas místicas y cabalísticas, que, para los seguidores, son la definición del significado intrínseco de la literatura rabínica tradicional y la Biblia hebrea, así como sus aspectos que antes se desconocían y se mantenían en secreto. Esta es también la base de todas las prácticas religiosas de los judíos. El Zohar, uno de los textos cabalísticos más significativos, se publicó en el siglo XIII. La mayoría de los practicantes se apegan a la Cábala luriánica, que lleva el nombre de Isaac Luria, un rabino judío que ideó una nueva forma de ver la filosofía cabalística que los fieles integraron con la Cábala del Zohar.

Los cabalistas tradicionales creen que los orígenes de la Cábala son anteriores al nacimiento de las religiones en el mundo. Creen firmemente que la Cábala es la base sobre la cual se construyeron las religiones, las filosofías, las artes, las ciencias y los sistemas políticos. La historia cuenta que surgió de las formas anteriores del misticismo judío, que se originó en algún momento entre los siglos XII y XIII en el sur de Francia y España. En la Palestina otomana del siglo XVI, cuando estaba en vigor el renacimiento místico judío, se reinterpretó la Cábala. El patrón de la Cábala contemporánea es Isaac Luria. Desde el siglo XVIII hasta la fecha, su Cábala luriánica se hizo muy popular, particularmente en el judaísmo jasídico. En el siglo XX, Gershom Scholem, un historiador judío, lideró una ola de curiosidad académica en los textos cabalísticos sagrados, lo que condujo a una mayor investigación sobre la historia de la Cábala en los estudios judaicos.

Tradiciones Cabalísticas

El Zohar dice que hay cuatro formas de interpretar la Torá. A estos cuatro caminos o niveles se les conoce como los pardes, en base a la primera letra de cada uno (PRDS). Ellos son:

- *Peshat*, que significa interpretaciones directas y simples.
- *Remez*, que son interpretaciones alegóricas.
- *Derash*, que se refiere a conexiones imaginativas con versos y palabras similares.
- *Sod*, que son los significados intrínsecos y esotéricos.

Los seguidores de la Cábala entienden que es necesario estudiar la Torá junto con la Cábala. Para los historiadores académicos modernos, la Cábala se trata de las doctrinas específicas que surgieron en la Edad Media plenamente expresadas en el texto. Estos historiadores enfatizan la diferencia entre eso y los métodos e ideas místicas de Merkabah anteriores a los textos. Por lo tanto, la Cábala luriánica moderna temprana y la Cábala zohárica de la época medieval son partes de la teoría cabalística y constituyen la tradición teosófica de la Cábala. Por otro lado, la Cábala Meditativa-Extática se fusiona con las tradiciones medievales.

Hay una tercera tradición relacionada con la Cábala, pero tiende a ser rechazada, que tiene que ver con los objetivos mágicos de la Cábala práctica. Esta es la parte del misticismo judío que implica trabajar con magia. Estaba bien que solo la élite trabajara esta magia blanca, ya que se creía que solo ellos podían manejarla. Moshe Idel, un filósofo e historiador de ascendencia rumano-israelí, señala que los tres modelos de la Cábala pueden reconocerse trabajando y compitiendo para todos a lo largo de la historia del misticismo judío.

Tradición Teosófica de la Cábala

Esta tradición también se llama la tradición Teosófica-Teúrgica, con su enfoque únicamente en Luria y el Zohar. El objetivo es captar el reino de lo divino y definirlo con los símbolos míticos e imaginativos de la experiencia de la psique humana. Se basa más en la intuición, en comparación con la filosofía judía, que es más racional. Es el pilar central de la Cábala y generalmente se la menciona cuando se usa la palabra "cábala". La teosofía apunta a la significativa influencia teúrgica interna de nuestra conducta como humanos —el microcosmos divino— en la destrucción o redención del mundo espiritual —el macrocosmos divino. El punto detrás de la cábala teosófica es dar un significado metafísico a la práctica religiosa en el judaísmo.

Cábala Extática

Esta tradición es la tradición meditativa de la Cábala extática propugnada por Isaac de Acre y Abraham Abulafia, que tiene el objetivo de unirse con Dios en un sentido místico. Un buen ejemplo de esta forma de Cábala es la Cábala Profética de Abulafia. La meditación aquí se basa en la filosofía de Maimónides.

Cábala Práctica Mágico-Talismánica

El objetivo de esta forma de Cábala es causar un cambio tanto en el mundo físico como en el divino a través de métodos prácticos. Mientras que la visión teosófica de la adoración tenía que ver con estar en armonía con las fuerzas divinas, la Cábala práctica involucra magia blanca, reservada solo para la élite y aquellos con intenciones puras.

La creencia tradicional establece que los profetas, patriarcas y sabios compartieron los primeros conocimientos cabalísticos oralmente y, con el tiempo, estos se convirtieron en parte de la cultura y la literatura religiosas judías. Este punto de vista sostiene que alrededor del siglo X a. e. c., la cábala temprana era conocida por todos y practicada por al menos un millón de personas en el antiguo Israel. Cuando las potencias extranjeras conquistaron la tierra, los líderes espirituales judíos (el Sanedrín) ocultaron lo que sabían de la cábala y lo mantuvieron en secreto para evitar su mal uso.

No es fácil aclarar o determinar las ideas precisas contenidas en la Cábala. Es por esto que encontrará diferentes escuelas de pensamiento sobre el tema, cada una con su propia perspectiva. Sin embargo, todas las perspectivas se aceptan como válidas. Las autoridades halájicas de los tiempos modernos han hecho todo lo posible para reducir la diversidad y el alcance dentro de la práctica de la Cábala. Han tratado de limitar el estudio de la Cábala estrictamente al Zohar y las enseñanzas luriánicas transmitidas por Isaac Luria a los fieles a través de Hayyim ben Joseph Vital.

Todos estos intentos no hacen mucho para aclarar la profundidad y la expresión de esta práctica porque esos trabajos también tienen comentarios sobre los escritos albotonianos, los escritos *abulafianos*, el *Sefer Yetzirah* y el *Berit Menuhah*, que se casa con el misticismo teosófico y extático. Por lo tanto, debe tener en cuenta que cuestiones como las *sefirot* (las 10 emanaciones o atributos de la Cábala a través de las cuales se revela Ein Sof y a través de las cuales se crean continuamente los reinos físico y metafísico) deben considerarse muy abstractos e interpretarse de manera intuitiva.

Cábala Judía y No Judía

Durante y después del Renacimiento, los textos de Cábala se hicieron populares en la cultura no judía. Los ocultistas herméticos y los hebraístas cristianos los estudiaron y tradujeron, lo que condujo a la Cábala hermética y la Cábala cristiana. Ambos grupos usaron generosamente las ideas judías y las fusionaron con otras tradiciones religiosas, teologías y asociaciones mágicas. Mientras la Cábala cristiana se extinguía en la Era de la Razón, la Cábala Hermética florecía bajo tierra en el esoterismo occidental. Como resultado de los lazos no judíos con la adivinación, la alquimia y la magia, la Cábala pronto asumió algunas ideas ocultas que no estaban permitidas en el judaísmo, que sostenía que la Cábala práctica no era fundamental para la religión y solo estaba restringida a una parte de la élite. Hoy en día, muchas obras literarias sobre la Cábala provienen de las tradiciones ocultistas y de la Nueva Era de la Cábala y no dan una descripción clara de la Cábala judía original. En su lugar, encontrará obras judías tradicionales y académicas que traducen y amplían la Cábala judía para aumentar el número de lectores.

Historia y Orígenes del Misticismo Judío

La Cábala, como se entiende tradicionalmente, se originó en el Edén. Se reveló para elegir tzadikim (que significa "gente justa") de un pasado lejano y fue preservado en gran medida por unos pocos elegidos. De acuerdo con la erudición contemporánea, parecería que surgieron diferentes escuelas de misticismo judío en varios períodos de la historia de los judíos. Todos ellos mostraban formas más antiguas y el ambiente cultural e intelectual de ese período de la historia. Tenga en cuenta que no es fácil responder preguntas relacionadas con la influencia, el linaje, la transmisión y la innovación, y las respuestas obtenidas no serían consistentes.

Originalmente se creía que el conocimiento cabalístico era la base de la Torá oral dada a Moisés alrededor del siglo XIII a. e. c. por Dios en el Monte Sinaí. Otros creen que la Cábala es mucho más antigua que eso, habiendo comenzado con Adán.

Durante algunos siglos, el conocimiento esotérico de la Cábala fue conocido por su práctica: la meditación *Hitbonenut*. La palabra Hitbodedut significa "aislarse" o "estar solo" También está *Nevu'a*, que es una palabra para describir el objetivo de este aislamiento: Profecía. Según Aryeh Kaplan (un erudito cabalístico), se pueden rastrear las raíces de las prácticas meditativas cabalísticas de la época medieval hasta las transmisiones orales de la tradición bíblica profética.

Cuando las palabras del Tanaj se editaron y posteriormente se canonizaron a partir del siglo V a. e. c., y el conocimiento oculto se codificó en varios pergaminos y escritos, el conocimiento esotérico se llamó *Ma'aseh* Merkavah, que significa "el acto del carro", y *Ma'aseh B'reshit*, que significa "el acto de la Creación". El misticismo Merkabah hizo referencia al conocimiento codificado y métodos de meditación en el libro del profeta Ezequiel, donde describe la visión que tuvo del "Carro Divino". El misticismo de B'reshit hacía referencia al Capítulo 1 de Génesis en la Torá, que se dice que contiene los secretos del universo (que John Dee buscaba desesperadamente), así como las fuerzas de la naturaleza.

En el judaísmo del Segundo Templo, al regresar de Babilonia, la certeza sobre la revelación profética se desplazó hacia la exégesis y canonización de las Sagradas Escrituras después de Esdras el Escriba. Lo que quedó fue Ruach HaKodesh, el nivel profético inferior, con secretos divinos esotéricos, revelaciones angelicales y liberación escatológica de las influencias romanas y griegas que oprimían la literatura apocalíptica como los Rollos del Mar Muerto de Qumrán y el Libro de Daniel.

Misticismo en la Torá

La Torá analiza la historia de la creación del libro de Génesis y muestra los misterios de Ein Sof, el jardín del Edén, la verdadera naturaleza de Adán y Eva, el Árbol de la Vida y el Árbol del Conocimiento del Bien y del Mal. También cubre las interacciones entre la Serpiente y otros seres sobrenaturales, que luego llevaron al gran pecado de comer la fruta prohibida.

Las visiones del profeta Ezequiel habían inspirado mucha especulación mística, al igual que la visión de Isaías en el Templo y la visión que tuvo Jacob de la escalera que conducía al cielo. Las experiencias de Moisés con Dios en el Monte Sinaí y con la zarza ardiente también sirven como evidencia de los acontecimientos místicos en la Torá que son la raíz del misticismo judío.

El nombre de 72 letras de Dios, usado en la meditación, proviene de las palabras hebreas que Moisés habló a un ángel cuando el Mar de Juncos se abrió para que los hebreos pudieran escapar de sus enemigos. El milagro del Éxodo que llevó a que Moisés recibiera los Diez Mandamientos y la perspectiva judía ortodoxa de la recepción de la Torá en el Monte Sinaí se produjo antes de que se creara la primera nación judía, unos 300 años antes del rey Saúl.

Cábala en la Europa Medieval

Los eruditos han descubierto que ya en el siglo XII había varias hermandades cabalísticas en Europa. Algunos, como el Círculo de Querubines Únicos y el Círculo de Iyyun, eran esotéricos y permanecían anónimos. Las ideas cabalísticas teosóficas se documentaron por primera vez a fines del siglo XII en el sur de Francia, entre los sabios de Provenza y Languedoc. Esto sucedió al mismo tiempo que apareció el Bahir o

"Libro del Brillo" que describe los rasgos sefirot de Ein Sof.

La Cábala luego se trasladó al noreste de España en Cataluña, alrededor de 1194 a 1270, centrándose en las sefirot superiores. Después de eso, la doctrina se expresó plenamente en la última parte del 1200 entre los cabalistas de Castilla, especialmente con el Libro del Esplendor (el Zohar). En este momento, se trataba principalmente de sanar las dualidades del gnosticismo entre los atributos femeninos y masculinos inferiores revelados por Dios.

La mayoría de los judíos ortodoxos se niegan a aceptar que la Cábala se ha desarrollado a lo largo de los años. Los Sabios Mayores del judaísmo exotérico (llamados Rishonim) fueron una pequeña parte de las prácticas cabalísticas, y son ellos quienes le dieron a la práctica mística judía aceptación académica. Una vez que el Zohar se puso a disposición de las masas en el siglo XIII, la palabra "Cábala" se transformó para representar las enseñanzas que procedían de las enseñanzas del Zohar y luego se transformó nuevamente para representar las enseñanzas del Zohar expuestas por Isaac Luria.

El Hekhalot y Merkabah

Las enseñanzas místicas y los métodos de los textos conocidos como Hekhalot (que significa "cámaras celestiales") y Merkabah (que significa "carro divino") permanecieron desde el siglo I a. e. c. hasta el siglo X e. C., y finalmente dieron paso a la Cábala en su forma manuscrita documentada. Los héroes del texto son los sabios talmúdicos del judaísmo rabínico. Desde el siglo VIII al XI, los textos de *Sefir Yetzirah* y *Hekhalot* llegaron a los judíos europeos.

John Dee y la Cábala

Dee estaba comprometido con la Cábala. Pasó algunos años en Praga cuando los ritos golem del rabino Judá Loew estaban en su apogeo. El 27 de junio de 1589, el Dr. Henricus Khunrath de Hamburgo visitó a Dee mientras estaba en Bremen, Alemania. Este último había influido significativamente en el trabajo oculto del primero, *El Anfiteatro de la Sabiduría Eterna*, un grabado con símbolos ocultos tallados en él. Los grabados eran representaciones de la perspectiva de Dee tal como la discutió en *Monas hieroglyphica*, una combinación de ideas alquímicas, cabalísticas y matemáticas que el adepto puede usar para obtener una visión de la naturaleza.

En la historia occidental, Dee fue el primer científico que se conectó concretamente con una praxis satánica arraigada en la Cábala. Dee recibió la filosofía cabalística del rabino Judá Loew y luego transmitió ese conocimiento a algunos de los científicos, teólogos y matemáticos más progresistas de la época. Esto se hizo a través de los rosacruces, que se fundaron en una combinación de protestantismo y enseñanzas cabalísticas.

Algunos de los gobernantes y aristócratas más poderosos protegieron y patrocinaron esta fraternidad, incluido Federico V, rey de Bohemia, que encabezó la Unión Protestante. Esta forma de protestantismo se había estado gestando durante años y fue alimentada por poderes secretos en toda Europa. Era un movimiento que estaba destinado a resolver los problemas religiosos que enfrentaban en ese momento utilizando el misticismo, particularmente con influencias cabalísticas y herméticas.

Los rosacruces querían convencer a los protestantes más devotos que la divinidad del judaísmo era muy real, como se muestra en la filosofía de la Cábala. También querían convencer a los intelectuales y científicos del potencial de la Cábala para conducir al hombre a su divinidad interior. El uso de las palabras "científicos" y "protestantes" de esta manera no pretende mostrar que haya alguna división entre los dos, como ateos versus religiosos. Esto era Europa en el siglo XVII, lo que significa que la mayoría de los científicos también eran cristianos. La Cábala continuó encontrando su camino por Europa y la adoración devota de Dios, mezclada con la ciencia y la magia.

En el siglo XVIII, algunos intelectuales habían llegado a aceptar la Cábala. El Manifiesto Rosacruz de 1614 (*La Fama*) conecta la Cábala con personas "Imbuidas de gran sabiduría", que tenían como único propósito innovar y simplificar todas las artes hasta que fueran lo suficientemente perfectas para que los humanos supieran cuán nobles son. La Monas *hieroglyphica*, escrita por John Dee, también influyó mucho en la "Consideración Breve" publicada junto con *La Confesión* (1615). La filosofía secreta sobre la que se escribieron los manifiestos de los rosacruces se basa en la filosofía de John Dee. La filosofía secreta eran las enseñanzas rabínicas que se habían dado en los textos cabalísticos. Era la "reparación del mundo", o el *tikkun olam*, donde el hombre judaizado podía asumir los poderes de Dios para "corregir" una creación "defectuosa e imperfecta".

Capítulo 7: Magia(k) Enoquiana Ceremonial

La magia(k) enoquiana es magia(k) ceremonial. La "k" se agrega a la palabra "magia" para aclarar que es el tipo de magia ceremonial. Las tablas de la Atalaya de John Dee estaban fuertemente influenciadas por la tradición de la Merkavah judía, que era un sistema místico que enseñaba a la gente sobre el Carro o Trono de Dios. El Trono de Dios, *la Merkavah*, se describe en el Libro de Ezequiel (particularmente en el Capítulo 1) y en el libro del Apocalipsis de San Juan (capítulo 4). Los místicos del cristianismo renacentista, como John Dee, estaban muy interesados en la tradición Merkavah, por lo que los libros mencionados anteriormente definitivamente lo influenciaron hasta cierto punto.

Análisis de las Tablas de la Atalaya

Las tablas de la Atalaya son una metáfora de los Cuatro Grandes Querubines de los Elementos. Dee escribe en sus diarios cuando los ángeles le describen por primera vez las Atalayas antes de que le den sus letras o estructura:

> Ave: "Las Cuatro casas son los Cuatro Ángeles de la Tierra, que son los Cuatro Vigilantes, y Atalayas, que... Dios... ha puesto contra el... Gran Enemigo, el Diablo".

La oración anterior es clave para comprender de qué se tratan las Atalayas y los seres angélicos conectados con ellas. Primero debe recordar que la perspectiva grimoírica no hizo nada para separar el Zodiaco de los

Elementos Terrestres, como es la convención actual. En cambio, puso las Triplicidades del Zodiaco a cargo de los Elementos y proclamó que estos Elementos también se originaron a partir de ellos. Según Agripa, el Fuego estaba ligado a Oriente, no sólo en el cielo, sino también en los Cuatro Vientos. En Ezequiel se dice:

"Y la semejanza del firmamento sobre las cabezas de los seres vivientes era como la semejanza de una extensión de hielo impresionante, extendida sobre sus cabezas. Y debajo del firmamento estaban sus alas derechas, la una hacia la otra: cada uno tenía dos, que cubrían de este lado, y cada uno tenía dos, que cubrían de ese lado, sus cuerpos".

Los Querubines, Los Chaioth ha Qadesh, son quienes sostienen el cielo. Son Pilares que sostienen el mundo tal como lo conocemos sobre las aguas del Abismo. Estos pilares se encuentran en todas las culturas y han estado allí durante la mayor parte de la historia. Esto es lo que son las Atalayas. Los cuatro Sellos son las firmas de estos Querubines mismos, y las tablillas contienen dibujos que retratan las esencias de las Bestias de las que se habla en Apocalipsis: *"Y las cuatro bestias tenían cada una de ellas seis alas a su alrededor, y estaban llenas de estrellas por dentro".* También dice: *"Y alrededor del trono había veinticuatro asientos; y sobre los asientos vi sentados a veinticuatro ancianos, vestidos con vestiduras blancas; y tenían sobre sus cabezas coronas de oro".*

Estos 24 Ancianos están conectados a los 12 Zodiacos, con dos por signo del Zodiaco. Como cada Triplicidad tiene tres signos, eso significa que cada Elemento tiene seis Ancianos. Entonces, para Fuego, hay dos Ancianos de Sagitario, dos de Leo y dos de Aries. Entonces, las "seis alas llenas de estrellas" a las que se ha referido cada querubín son los Poderes Zodiacales que encarnan los Ancianos, siendo estos últimos gobernados por el querubín. Esto es visible en las Atalayas, donde tiene seis nombres de ancianos escritos en cada una. La tabla representa el querubín, y los Ancianos son las seis alas de ese querubín.

Tres Nombres Divinos gobiernan cada tablilla. Cada uno de estos nombres está conectado a un signo zodiacal, según los eruditos enoquianos. Lamentablemente, esta información no se le dijo a Dee, por lo que solo podemos especular sobre su validez. En conjunto, los tres podrían considerarse como Elementales, lo que significa que son los Nombres Divinos que se usan para invocar el Fuego. Sin embargo, son principalmente sobre las estrellas. La dirección importa con las Atalayas, tal como lo esperaría con otros sistemas de magia(k) grimoírica. Prevalece sobre el o los elementos que puedan vincularse con la dirección en cuestión.

Sin embargo, hay un Nombre Divino que podría ser puramente Elemental. La Triplicidad del Este tiene al Fuego como su Espíritu o Esencia. Como escribe Ezequiel:

> *"Ahora, mientras miraba a los seres vivientes, he aquí una rueda sobre la tierra por los seres vivientes, con sus cuatro caras. [...] Dondequiera que el espíritu fuera, ellos iban, allí iba su espíritu; y las ruedas se alzaron contra ellos, porque el espíritu del ser viviente estaba en las ruedas. Cuando aquellos se fueron, estos se fueron; y cuando aquellos se detuvieron, estos se detuvieron; y cuando estos fueron levantados de la tierra, las ruedas se alzaron contra ellos, porque el espíritu de los seres vivientes estaba en las ruedas".*

La Esencia del querubín está dentro de la rueda, y cada Atalaya tiene un Nombre Divino que descansa en su corazón en un patrón redondo, muy parecido a una espiral. Esto se conoce como el Rey de la Atalaya, y es la Fuerza Elemental de la tabla. Las Ruedas se conocen como *Ofanim* y son una Orden Angelical. Eran conocidos en la época medieval como "Galgalim", que significa "espirales" o "remolinos". Estos son los ángeles del zodiaco tradicionales. Ezequiel escribe: *"En cuanto a sus ruedas, eran tan altas que eran espantosas; y sus bordes estaban llenos de estrellas alrededor de los cuatro".*

Esta es la Rueda del Zodiaco cuádruple. La Rueda de Fuego que contiene la Esencia del querubín que gobierna la Triplicidad de Fuego del Zodiaco. Los Nombres Divinos se utilizan para gobernar y convocar a los Ancianos del Zodiaco, que son Gobernantes Aufánicos. Ezequiel también escribe: *"El aspecto de las ruedas y su obra era semejante al color de un berilo: y las cuatro tenían una misma semejanza: y su aspecto y su obra eran como una rueda en medio de una rueda".*

Esta es probablemente una descripción del cielo nocturno. El color berilo se asemeja al azul profundo del espacio exterior. Si uno sigue la línea del horizonte, el cielo parece una enorme rueda recostada de lado. Notará que en los gráficos del horóscopo, así es como a menudo se representa el cielo. A pesar de esto, el cinturón del zodiaco forma un arco a través del cielo de un horizonte al siguiente, como si fuera una enorme rueda vertical contenida dentro de la rueda horizontal del cielo. Es una rueda dentro de una rueda.

Observamos el nombre del "Rey" (una rueda) en medio de los nombres de los ancianos (también una rueda) en las Atalayas de Dee. El centro de la Rueda es el Nombre del "Rey", y sus seis rayos son los Ancianos. Esto también muestra que los Ancianos de la Revelación y las Ruedas de Ezequiel son idénticos, al menos en la Magia(k) Enoquiana.

Las Atalayas son la manifestación de los cuatro Chaioth Ha Qadesh y sus Ruedas, como afirman Ezequiel y San Juan, ambos Místicos de la Merkavah. Todo lo mencionado anteriormente se relaciona principalmente con el Zodiaco y existe en las afueras de Chokmah, que es el Universo Mágico(k). Esto abarcaría la Gran Cruz completa de cada Tablilla, que comprende las propias alas y ruedas de los querubines.

A la luz de lo anterior, podría ser que los cuatro "subcuadrantes" de cada Atalaya sean las porciones de los querubines que tocan nuestra Tierra en Malkut. Los cuatro subcuadrantes corresponden a las cuatro Caras de los Querubines de Ezequiel, como escribe:

"También de en medio de ella salió la semejanza de cuatro seres vivientes. Y esta era su apariencia; tenían la semejanza de un hombre. Y cada una tenía cuatro caras, y cada una tenía cuatro alas [...], y tenían manos de hombre debajo de sus alas en sus cuatro lados, y los cuatro tenían sus caras y sus alas. Sus alas estaban unidas una a otra; no se volvían cuando iban; eran todos sencillas. En cuanto a la semejanza de sus caras, las cuatro tenían cara de hombre, y cara de león a la derecha; y los cuatro tenían cara de buey al lado izquierdo; también ellos cuatro tenían cara de águila".

En las Atalayas, donde los seis Nombres Mayores están reunidos sobre los cuatro brazos de una cruz, Ezequiel escribe sobre cuatro alas (a diferencia de las seis en la Visión de Juan).

Podría ser que las "Partes de la Tierra" (como se muestra en las Tablas de las Atalayas) simbolizan el Firmamento sostenido por los querubines, y sobre el cual descansa el Trono. Además, Juan menciona los Poderes de los Siete Espíritus (Arcángeles) de Dios en el Apocalipsis, y podrían estar representadas por el componente heptárquico del esquema de Dee. Entonces, esta es toda la Visión Merkavah y la base misma del sistema enoquiano.

Dee fue informado por el ángel Ave, a través de Kelley, sobre el propósito de las Atalayas. Aquí está la respuesta de Ave, tal como la señaló exactamente Dee:

Ave: Ahora al propósito. Descansa, porque el lugar es Santo. Primero, generalmente lo que contiene esta Tabla.

1. Todo el conocimiento humano.
2. De ahí brota Física(k).
3. El conocimiento de las Criaturas Elementales entre vosotros. Cuántos niños hay y para qué fueron creados. Los que viven por sí solos en el aire. Los que viven por sí solos en las aguas. Los que viven por sí solos en la tierra. La propiedad del fuego, que es la vida secreta de todas las cosas.
4. El conocimiento, hallazgo y uso de los Metales. Las virtudes de ellos. Las congelaciones y virtudes de las Piedras. Estas [tres cosas anteriores] son todas de una sola materia.
5. La unión y el tejido de las Naturalezas. La destrucción de la Naturaleza y de las cosas que pueden perecer.
6. Moverse de un lugar a otro [como en este país, de ese país a placer].
7. El conocimiento de todos los oficios Mecánicos.
8. Transmutatio formalis, sed non-essentialis [transmutación alquímica formal].
9. [Nota al margen de Dee]: El capítulo noveno puede agregarse y es de los secretos del conocimiento de los hombres, de los cuales hay una tabla particular.

Capítulo 8: La Heptarquía Mística — Sellos Angélicos y Herramientas Mágicas

Durante sus últimos años, Dee había decidido esconder su trabajo en un gran cofre de cedro, en un compartimento oculto. El cofre fue comprado de su propiedad y tuvo varios propietarios, y los documentos solo se descubrieron en 1662 y luego se entregaron a Elias Ashmole diez años después. Finalmente, se trasladó a la Biblioteca Británica.

Ashmole informó que la mitad de los registros en ese compartimento oculto fueron arruinados accidentalmente por una criada antes de que los encontraran y trataran de preservar lo que quedaba. Aun así, los registros del trabajo de Dee de 1581 a 1585 permanecen casi intactos. Los registros son tan detallados que se necesita bastante tiempo y diligencia para separar lo útil de lo que no se necesita.

Gran parte de la comunicación era vital en términos de operaciones mágicas, pero no tenía relevancia o significado directo en lo que respecta a los sistemas mágicos. Hay períodos en los que Dee y Kelley no obtuvieron mucha información valiosa. Parecía que los magos simplemente habían seguido interactuando con los ángeles para mantener la rutina. Los ángeles les dieron a los hombres algunos chismes celestiales, profecías y visiones, pero nada sólido. Además, se iban por la tangente discutiendo la política isabelina y la religión apocalíptica, los problemas personales que tenían Kelley y Dee, y las preguntas irrelevantes que Dee había incluido obstinadamente en el trabajo.

Entonces, su trabajo se puede dividir cronológicamente en tres períodos que tenían la esencia del sistema mágico que conocemos como magia(k) enoquiana, que estaban separados por meses de información no tan valiosa. El tercer período es estrictamente "enoquiano", pero es un término que también se usa para describir el resto del trabajo.

El Primer Periodo: La Heptarquía Mística

Este fue el primer sistema mágico que Dee recibió de los ángeles. Es una forma bastante compleja y autónoma de magia angelical planetaria. En términos de estilo, se parece a varios grimorios salomónicos, pero ahí es donde termina la similitud. El contenido es muy diferente. Puede encontrar el registro completo de la presentación de la Heptarquía en *Mysteriorum Libri Quinti* de Dee. *De Heptarchia Mystica* es un grimorio de trabajo compuesto por las observaciones de Dee de ese registro. Algunas de las conversaciones angelicales se pueden encontrar en *Una Relación Verdadera y Fiel* de Casaubon. El Museo Británico está en posesión de estos manuscritos.

La magia se presentó de manera ordenada y secuencial en comparación con el trabajo que vino después. Hablaba sobre las herramientas físicas vitales necesarias para esta magia y luego seguía con la jerarquía de los 49 "Ángeles Buenos", así como información sobre los ministros, príncipes y reyes de esta jerarquía. La mayor parte de esta información llegó a Dee durante 1582, y en la primavera del año siguiente, habían hecho correcciones vitales al diseño del equipamiento después de una breve pausa en el trabajo mágico y la presentación del Liber Loagaeth.

Herramientas Mágicas

Si bien no está claro si Kelley o Dee trabajaron con la magia que se les dio, sabemos que los ángeles les dieron instrucciones para crear ciertos elementos mágicos, que por alguna razón, Crowley y el Amanecer Dorado ignoraron casi por completo. Estos elementos son vitales para el mago enoquiano practicante. Estos son:

- El Anillo
- La Mesa Sagrada
- Los Estandartes de la Creación

- El Lamen
- El Sigillum Dei Aemeth

El Sigillum Dei Aemeth

De todos los artefactos y escritos de John Dee, el *Sigillum Dei Aemeth*, también llamado el Sello de la Verdad de Dios, es el más popular. El sello aparece en obras mucho más antiguas que las de Dee, y parece que él estaba familiarizado, mas no satisfecho, con ellas. Entonces, se acercó a los ángeles para que lo guiaran mientras creaba su versión.

Dee había inscrito el sello en tablas circulares hechas de cera. Había colocado otras cuatro tablas debajo de las patas de la mesa y una sobre la mesa. Mientras se comunicaba con los ángeles a través de Kelley y la piedra que muestra, recibió instrucciones sobre cómo crearlas. Posteriormente, usaría las tablas como parte de sus preparativos para los rituales para permitir una comunicación más clara con los ángeles.

En la cultura popular, ha habido varias versiones del Sigillum Dei Aemeth utilizado en programas de televisión como Supernatural para atrapar demonios, de modo que no puedan irse una vez que el sello los contenga. Sin embargo, eso es solo algo televisivo.

La magia enoquiana es un sistema de magia angelical que se basa en el número 7. Este número también está fuertemente vinculado a los siete planetas tradicionales. Por ello, el Sigillum Dei Aemeth está formado principalmente por estrellas de siete puntas (heptagramas) y polígonos de siete lados (heptágonos).

El Anillo Exterior: Está compuesto por los nombres de siete ángeles, cada uno vinculado a un planeta. Para encontrar el nombre de un ángel, comienza con una letra mayúscula en el anillo. Si esa letra tiene un número encima, entonces cuenta ese mismo número de letras en el sentido de las agujas del reloj. Si hay un número debajo de la letra, cuente esa cantidad de letras en el sentido contrario a las agujas del reloj. Continúe de esta manera, y encontrará los siguientes nombres:

- Aaoth (Mercurio)
- Innon (Venus)
- Thaaoth (Marte)
- Geethog (Júpiter)
- Galaas (Saturnp)

- Galethog (La Luna)
- Horlwn (El Sol)

Juntos, estos son conocidos como los Ángeles del Brillo. Ellos son los que "captan los siete poderes internos de Dios", a quienes nadie más que Dios mismo conoce.

Galethog: Dentro del anillo exterior, encontrará siete símbolos que crean la palabra Galethog, con las letras "th" representadas por un solo sello. Puede leer el nombre al revés. Estos son los siete sellos que se llaman "los Asientos del Único y Eterno DIOS". Estos 7 Ángeles secretos provienen de cada cruz y letra formada. En sustancia, representan al padre. En su forma, representan al hijo. En su interior, reflejan el Espíritu Santo.

El Heptágono Exterior: Estos nombres de los siete ángeles que siempre permanecen en la presencia de Dios están conectados con un planeta y están escritos en una cuadrícula de 7 por 7, verticalmente. Cuando lea la cuadrícula horizontalmente, descubrirá los siete nombres del heptágono exterior. Estos son los nombres originales:

- Miguel (Mercurio)
- Haniel (Venus)
- Cumael (Marte)
- Zadkiel (Júpiter)
- Zaphkiel (Saturno)
- Gabriel (La Luna)
- Rafael (El Sol)

Estos nuevos nombres deben escribirse en el sentido de las agujas del reloj.

Las Estructuras Centrales: Los cinco niveles que siguen están arraigados en otra cuadrícula de letras, también de 7 por 7. Puede leer cada uno en varias direcciones. Las letras forman nombres de más espíritus de planetas, que primero se escribieron en forma de zigzag, comenzando desde la esquina superior izquierda. En cada nombre, se eliminó la parte "el" para crear la cuadrícula. Los nombres son:

- Corabiel (Mercurio)
- Nogahel (Venus)
- Madimiel (Marte)
- Zedekieiel (Júpiter)

- Sabathiel (Saturno)
- Levanael (La Luna)
- Semeliel (El Sol)

Los nombres entre el heptagrama y el heptágono exterior se ven cuando lee la cuadrícula horizontalmente. Estos son los nombres de Dios que son desconocidos para los ángeles y que el hombre no puede leer ni hablar.

Los nombres que encuentra en los puntos del heptagrama son las Hijas de la Luz. Los Hijos de la Luz son los nombres dentro de las líneas del heptagrama. Los nombres que se encuentran entre ambos heptágonos centrales se conocen como las Hijas de las Hijas y los Hijos de los Hijos.

El Pentagrama: Alrededor del pentagrama se repiten los espíritus angélicos planetarios. Las letras que deletrean "Sabathiel" tienen el "el" eliminado, y el resto está disperso en el exterior. Los cinco espíritus están deletreados, pero están más cerca del medio. La primera letra de cada nombre se encuentra dentro de uno de los puntos del pentagrama. En el medio está Levanael, alrededor de una cruz que representa la tierra.

El Anillo

Los ángeles dejaron claro que el mago no podía hacer nada sin el Anillo. Según un pasaje de las notas de Dee del miércoles 14 de marzo de 1582, el arcángel Miguel extendió su espada con el brazo derecho y le pidió a Kelley que mirara. Entonces la espada se partió en dos, y de ella salió un gran fuego del que Miguel sacó un anillo.

Le entregó el anillo a Uriel mientras decía:

> *"La fuerza de Dios es inefable. Alabado sea Dios por los siglos de los siglos... Después de esto este debe ser tu anillo: Anótalo". El Arcángel Miguel también agregó: "Te revelaré este anillo: que nunca fue revelado desde la muerte de Salomón: con quien estuve presente. Estuve presente con él en fuerza y misericordia. Mira, esto es todo. Esto es con lo que Salomón hizo todos los Milagros y obras y prodigios divinos: Esto es lo que te he revelado. Esto es lo que sueña la Filosofía. Esto es lo que los Ángeles apenas conocen. Esto es, y bendito sea su Nombre: sí, su Nombre sea bendito para siempre... Así se hará, según tu mandato. Sin esto, no harás nada. Bendito sea su nombre, que todo lo supera: Maravillas hay en él, y su Nombre es MARAVILLOSO: Su Nombre hace maravillas de generación en generación".*

El Anillo estaba hecho de oro, grabado con un sello y tenía un círculo en el medio del sello. En la parte superior del círculo había una V y en la parte inferior una L. A través del círculo había una línea horizontal que se extendía fuera de la circunferencia del círculo. Todo esto estaba en un cuadrado con cuatro letras: P, E, L y E, comenzando desde la esquina superior izquierda y moviéndose en el sentido de las agujas del reloj alrededor de cada esquina del cuadrado. La palabra "Pele" en latín significa "Hará maravillas".

Fue un gran problema haber recibido un anillo que una vez usó el mismísimo mago arquetípico, el rey Salomón. Este anillo es el mismo que usaba para controlar incluso a los demonios. Si bien el diseño del anillo era único, la palabra Pele estaba en los dos libros que tenía Dee, *Filosofía Oculta* de Cornelius Agrippa y *De Verbo Mirifico* de Johann Reuchlin. Los autores fueron, respectivamente, un erudito hebreo y un humanista alemán. Agripa recibió la noticia de Reuchlin, al parecer.

El anillo debe ser de oro puro. Si bien no todos sabemos cómo crear un anillo de oro, y mucho menos tenemos los fondos para hacerlo, usted puede hacerlo con una cartulina o papel de colores. No está ni cerca de ser dorado, y puede pensar que es una tontería o que no tendría ningún efecto, pero el hecho es que no es el material en sí el que hace la magia, sino el mago. Dudar y cuestionar no le dará ningún resultado. Para trabajar con el anillo de papel, puede repetir lo que Miguel dijo sobre el anillo a Dee como una oración y luego ponérselo.

El Lamen

El Lamen está inextricablemente conectado a la Mesa Sagrada. Cuando usted lleva el Lamen sobre su corazón, este lo conecta con la Mesa Sagrada. Debe saber qué representan ambos elementos; de lo contrario, ponerse el Lamen y sentarse en la Mesa Sagrada es un gesto inútil.

Los diseños de estos artículos se derivaron de las letras de los nombres de los ángeles de la Heptarquía. Si bien no está claro cuál se colocó primero, tiene sentido comenzar discutiendo el Lamen. El Lamen tradicional es una coraza. Lo cuelga de su cuello con una cinta o una cadena. Su arquetipo es el pectoral que lleva el Sumo Sacerdote de Israel. Es un plato cuadrado con una cuadrícula de 3 por 4, en el que se encuentran incrustadas 12 gemas preciosas, cada una de las cuales representa las 12 tribus de Israel y los 12 signos del Zodiaco. El Lamen dado a Kelley y Dee no tenía piedras preciosas, pero tenía 84 letras del alfabeto angélico dispuestas de manera precisa e interesante.

Dee y Kelley habían recibido dos versiones. La primera les llegó en 1582 y era una extraña combinación de garabatos, líneas y letras que parecían sellos goéticos o salomónicos. Les dijeron que tenía que estar hecha de oro y que estaba destinada a ser protegida. Cuando la obtuvieron, durante el resto del año e incluso parte de 1583, obtuvieron material de los ángeles con respecto a los 49 Ángeles Buenos. Los nombres de los ángeles tenían siete letras y se derivaron de un proceso complejo de ordenar las letras de una tabla en forma de cruz formada por tablas de 7 por 7, formando 343 cuadrados en total, y cada cuadrado poseía una letra y un número. A los magos se les enseñó a ordenar estas letras para formar la jerarquía de los ángeles planetarios. A cada esfera planetaria (en número de 7) se le asignan cinco ministros, un príncipe y un rey. Las 343 letras crean los nombres de los 49 buenos ángeles y están ordenadas según los planetas, comenzando desde la parte superior de la rueda y moviéndose en sentido contrario a las agujas del reloj. Los únicos nombres en mayúsculas son los reyes y príncipes.

A continuación, están los nombres de los 49 buenos ángeles, con sus siete príncipes y 35 ministros:

Venus:
   1. Rey BALIGON
   2. Príncipe BORNOGO
   3. Ministro Bapnido
   4. Ministro Besgeme
   5. Ministro Blumapo
   6. Ministro Bmamgal
   7. Ministro Basldedf

Sol (El Sol)
   8. Rey BOBOGEL
   9. Príncipe BEFAFES
   10. Ministro Basmelo
   11. Ministro Bernole
   12. Ministro Branglo
   13. Ministro Brisfli
   14. Ministro Bnagole

Marte
15. Rey BABALEL
16. Príncipe BVTMONO
17. Ministro Bazpama
18. Ministro Blintom
19. Ministro Bragiop
20. Ministro Bermale
21. Ministro Bonefon

Júpiter
22. Rey BYNEPOR
23. Príncipe BLISDON
24. Ministro Balceor
25. Ministro Belmara
26. Ministro Benpagi
27. Ministro Barnafa
28. Ministro Bmilges

Mercurio
29. Rey BNASPOL
30. Príncipe BRORGES
31. Ministro Baspalo
32. Ministro Binodab
33. Ministro Bariges
34. Ministro Binofon
35. Ministro Baldago

Saturno
36. Rey BNAPSEN
37. Príncipe BRALGES
38. Ministro Bormila
39. Ministro Buscnab
40. Ministro Bminpol
41. Ministro Bartiro
42. Ministro Bliigan

Luna (La Luna)
   43. Rey BLVMAZA
   44. Príncipe BAGENOL
   45. Ministro Bablibo
   46. Ministro Busduna
   47. Ministro Blingef
   48. Ministro Barfort
   49. Ministro Bamnode

Lamentablemente, la parte del material de Dee que pretendía explicar cómo convocar a estos reyes, ministros y príncipes no sobrevivió. Sabemos que después de que obtuvieron los sellos, los nombres y las estructuras jerárquicas de los 49 ángeles, a Dee y Kelley se les dijo que el Lamen que recibieron por primera vez era falso, dado por un espíritu entrometido. Luego se les dieron instrucciones para hacer uno nuevo que esta vez no estaba destinado a la protección, sino a hacer que los magos fueran dignos de realizar esta magia.

Creando el Lamen y la Mesa Sagrada

La clave principal para crear el Lamen es una tabla de 12 por 7 con las letras de los príncipes y reyes heptárquicos de los siete planetas. Imitando la fase de enfriamiento del Big Bang, la mesa de 12 por 7 es una forma condensada de los 343 cuadrados de la mesa más grande en forma de cruz. La mitad derecha de la mesa tiene los nombres de los reyes, mientras que la mitad izquierda tiene los nombres de los príncipes. Para cada planeta, los nombres de los reyes y los príncipes no están en la misma línea. Por ejemplo, el rey Bobogel del sol está alineado con el príncipe Bornogo de Venus, en lugar de estar en la misma línea que el príncipe Befafes. Esta aparente falta de simetría se equilibra para formar la Mesa Sagrada.

El Lamen es una tabla con 24 cuadrados, ordenados de arriba a abajo. Tiene 2 cuadrados, apilados sobre 4, luego 6, luego otra fila de 6 encima de una fila de 4 que descansa sobre una fila final de 2 cuadrados. Luego se encierra en un cuadrado de diamante que está dentro de un cuadrado, y luego se encierra en un cuadrado más grande.

Para obtener las letras de la tabla que se aplicaron al Lamen, tendría que dividir la tabla en tres partes, llamadas carne, corazón y piel. Luego, las letras se mueven al Lamen en blanco en tres pasos:

1. Las letras de carne se agregan al perímetro de Lamen tal como aparecen en la mesa de 12 por 7.
2. Las letras del corazón se agregan a la esquina del siguiente cuadrado interior de manera inconsistente e impar.
3. Las esquinas de las letras de la piel se agregan a las esquinas del cuadrado de diamante más interno de una manera que coincida con sus lugares en la tabla de 12 por 7. A continuación, las letras restantes de la tabla de 12 por 7 (en número de 24) se entrelazan con el resto de los cuadrados en el centro del Lamen.

Luego, se le dijo a Dee que tradujera las letras del Lamen completo del latín a la escritura angelical. Al igual que con el Anillo, se sugirió que se usara oro para el Lamen. Además, al igual que el anillo, puede usar una cartulina o papel y plastificarlo para mantenerlo seguro. Para colgarlo alrededor de su cuello, perfore uno o dos agujeros pequeños en la parte superior y pase una cinta a través de él. Mientras lo cuelga alrededor de su cuello, ore:

Aquí está el Lamen. Como la Mesa Sagrada conecta el Cielo y la Tierra,

que este Lamen que ahora coloco sobre mi corazón palpitante

me conecte a la Mesa Sagrada.

La Mesa Sagrada

Los magos del Renacimiento siempre habían estado familiarizados con las mesas mágicas(k). El propósito de la mesa mágica(k) es hacer que todo el espacio que está usando sea el suelo sagrado de su ritual, lo cual es mucho mejor que usar el círculo protector o el triángulo que solo consagra el área dentro de la forma. La mesa es el Lugar Santísimo, donde se encuentran la divinidad y la humanidad.

Antes de que Dee conociera a Kelley, ya tenía una mesa para sus prácticas mágicas, pero después de desarrollar su magia, quedó claro que los ángeles querían que Dee cambiara su mesa. Querían que la mesa se construyera con "Maderadulce", exactamente dos codos de alto y dos codos cuadrados. Debía ser un "instrumento de conciliación". La mesa se colocaría sobre una alfombra de seda roja que también tendría la silla del vidente sobre ella. Después de colocar los Siete Estandartes de la Creación y el Sigillum Dei Aemeth, se usaría seda roja para cubrir la Mesa Sagrada. La diferencia entre la seda del suelo y la que cubre la Mesa Sagrada es que esta última tiene borlas de oro colgando de sus esquinas.

Luego, el espejo negro o la piedra de adivinación debía colocarse en el Sigillum.

La varita

La varita es un instrumento mágico vital. Utiliza su Voluntad Mágica y canaliza la sabiduría de lo divino a través de usted. Se enfoca en sus facultades mágicas para obtener los resultados que desea de sus hechizos y rituales. Usted usa la varita para evocaciones e invocaciones. Esta simple varita El utilizada en la magia enoquiana también alberga su fuerza creativa. Cuando la cargas con energía masculina, representa el lingam místico. En el sistema de magia enoquiana, la varita representa el elemento Fuego y se usa a menudo para las operaciones mágicas que involucran a la Atalaya de Fuego. Algunos magos usan la varita, mientras que otros prefieren usar solo la bola de cristal como lo hizo Kelley.

Los Siete Estandartes de la Creación

En una nota al pie de *Quinti Libri Mysteriorum*: Liber Tertius, Dee escribe: *"De estas siete tablas, personajes o escudos. Considere las palabras pronunciadas en el quinto libro Anno 1583, 2 de abril. Cómo son propios de cada Rey y Príncipe en su orden. Son Instrumentos de Conciliación"*.

Los Siete Estandartes de la Creación son esencialmente talismanes planetarios que deben estar en la Mesa Sagrada, colocados en un círculo alrededor del Sigillum Dei Aemeth o en línea recta a lo largo del borde de la mesa más cercano al vidente. Se inspiraron en el Goetia y el *Lemegeton*. Estaban hechos de estaño purificado o simplemente pintados sobre la mesa. Al igual que la Mesa Sagrada y el Lamen, son "Instrumentos de Conciliación" vinculados a los Príncipes y Reyes planetarios.

Cinco de los estandartes son mesas cuadradas con cuadrados llenos de líneas, cruces, letras y números. Dos son un círculo con un cuadrado alrededor. La letra B, escrita como Pa en el alfabeto angélico, es la letra más utilizada en los estandartes. Originalmente eran letras latinas, pero el ángel luego insistió en que fueran reemplazadas por caracteres angelicales. Dee no estaba dispuesto a hacer esto al principio y le preguntó al ángel si era absolutamente necesario, pero el ángel insistió. No está claro si Dee cumplió o no.

Los estandartes deben usarse en rituales. El mago puede sostenerlos en su mano cuando invoca entidades o reza. Sin embargo, no hay claridad sobre cómo funciona exactamente esto, ya que no existen registros para explicar el proceso. Aun así, deben seguir siendo parte de su práctica, ya que son una parte vital de la corriente jerárquica que fluye hacia el suelo sagrado del templo enoquiano. Puede recrear los estandartes utilizando cartón o cualquier otro material que tenga a su disposición. Coloque los estandartes cerca de los puntos del Sigillum. Hay mucha información sobre las herramientas mágicas de la magia enoquiana, tanta que sería imposible incluir toda en este libro. Por lo tanto, le recomendamos que estudie un poco más si se toma en serio la práctica de esta magia.

Capítulo 9: Liber Loagaeth

La segunda fase vital del trabajo de Dee y Kelley es bastante misteriosa y abarcó de 1582 a 1583. Hubo bastante tensión entre ambos magos, lo que, curiosamente, permitió la increíble obra llamada *Liber Mysteriorum Sextus et Sanctus, el Libro de Enoc* y *Liber Loagaeth* en varios momentos de la historia. Si bien los eruditos enoquianos hacen todo lo posible para ayudarnos a examinar todos los datos de este trabajo, no es suficiente ayudar a los magos enoquianos modernos a crear un sistema con el que puedan trabajar a partir de este material.

Una de las razones por las que no se presta suficiente atención a esta fase del trabajo de Dee es la naturaleza del libro en sí y la falta de una dirección clara sobre cómo debe practicarse. Además, el trabajo de este período está muy centrado en la obsesión de Dee por encontrar los libros perdidos de la Biblia, los apócrifos y, en particular, el *Libro de Enoc*, que aparece en varias partes de la Biblia canónica. El resultado es que el *Liber Loagaeth* está lleno de retórica que suena profética y tiene muchas imágenes apocalípticas. En tiempos recientes, algunos comentaristas han considerado el libro como sectario. Incluso afirman que el material tiene objetivos siniestros. Creen que es lovecraftiano o satánico y que los ángeles no son exactamente lo que dicen ser.

A todos se les permite tener su propia opinión cuando se trata de asuntos de espiritualidad. Todos los aspectos de la espiritualidad se pueden comparar con una paleta llena de diferentes colores de pintura, y depende del artista, el mago, descubrir qué hacer con eso. Podría pintar un paisaje hermoso y maravilloso o algo salido del infierno. Realmente depende de usted.

Sin embargo, sería prudente recordar que el material que nos dieron Dee y Kelley se basó en preguntas que los ingleses hicieron desde el siglo XVI y que las habían enmarcado en el contexto de la Biblia. Entonces, estamos escuchando estas conversaciones y obteniendo respuestas que se dieron de la única forma en que podían entender el mensaje en ese momento, enmarcadas en un contexto bíblico. En otras palabras, si Dee fuera un africano de la tierra yoruba, probablemente habría usado un lenguaje perteneciente a la tradición Orisha, y los ángeles le habrían transmitido su mensaje de la misma manera para que pudiera captar la esencia.

Una Inmenso Obra

El Liber Loagaeth tiene 48 hojas, cada una con cuadrados con letras de 49 x 49, con 115.000 cuadrados con letras en total. Cada cuadrado está lleno de letras en línea con la visión de Kelley, creando las 49 invocaciones en la lengua angelical. Estas hojas fueron dictadas a los magos por Galvah, Nalvage y otros ángeles. Tenga en cuenta que las letras angelicales no son las mismas que las del lenguaje angelical que llegaron más tarde y se convirtieron en la piedra angular de la fase enoquiana del trabajo de Dee y Kelley.

Loagaeth significa "discurso de Dios". A ambos magos se les dijo que las 49 invocaciones eran las palabras que Dios mismo pronunció al comienzo de la creación. Afirmaron que es el mismo idioma que habló Adán cuando nombró a todas las criaturas vivientes. Lamentablemente, las invocaciones nunca se tradujeron o el material con sus traducciones se destruyó o se perdió. Los lingüistas modernos han hecho todo lo posible, pero aún no pueden encontrar ninguna guía que pueda conducir a un lenguaje bien formado para clasificar las invocaciones de Loagaeth al mismo nivel que el lenguaje angelical de la fase final de la asociación de estos magos.

Kelly hizo todo lo posible con sus habilidades visionarias, y lo que vio a menudo se caracterizó por una luz deslumbrante que era tan brillante que incluso Dee podía verla también. La luz saldría de la piedra de adivinación para penetrar en la cabeza de Kelley y enviarlo a un trance. Desde este estado alterado de conciencia, Kelly podía leer el texto de *Liber Loagaeth* y también comprenderlo completamente. Sin embargo, los ángeles le prohibieron absolutamente traducirlo y se les informó que Dios mismo daría las traducciones más tarde. Al final de sus sesiones, la luz que brillaba sobre la cabeza de Kelly se iría y regresaría a la piedra. Luego, Kelley volvía a la conciencia normal y no recordaba lo que había sucedido cada vez.

El Alfabeto de los Ángeles

Dar una cronología clara de lo que ocurrió con los eventos visionarios de Dee y Kelley es difícil debido a las correcciones y enmiendas que se hicieron a algunas partes de los sistemas mágicos, y lo mismo ocurre con el alfabeto angélico.

Ambos magos recibieron el alfabeto angélico durante la fase Loagaeth de su trabajo. Dado que se les pidió que reemplazaran las letras inglesas o latinas de la Mesa Sagrada Mesa, Lamen y los Siete Enseñas de la Creación con letras angelicales, esta influencia también afectó inevitablemente a la fase heptárquica de su trabajo.

El alfabeto angelical tiene 21 caracteres. Estos aparecieron para los magos completamente formados con un tinte amarillento en la visión de Kelley. Luego, estas letras flotaron sobre una hoja de papel y permanecieron visibles durante un tiempo, lo que le dio a Kelley suficiente tiempo para escribirlas con tinta antes de que se desvanecieran.

En el lenguaje angelical, las palabras se escriben de derecha a izquierda, y ese es el mismo orden en que aparecieron en la visión de Kelley. Estaban en una sola fila separadas por puntos, y también había un punto antes de la primera letra. Las letras en español y sus traducciones angelicales son las siguientes:

- B – Pa
- C – veh
- G – ged
- D – gal
- F – or
- A – un
- E – graph
- M – tal
- I – gon
- H – na
- L – ur
- P – mals

- Q – ger
- N – drux
- X – pal
- O – med
- R – don
- Z – ceph
- U – van
- S – fam
- T – gisg

La única letra que tiene su primera letra en mayúsculas es Pa. Es muy significativa en el sistema mágico heptárquico. Por ejemplo, es posible que haya notado que los nombres de los 49 ángeles buenos comienzan con la letra B (Pa). Esta misma letra aparece mucho en los Estandartes de la Creación, y las cuatro esquinas de la Mesa Sagrada también tienen letras Pa de gran tamaño.

Muchos comentaristas han llegado a creer que la letra B debe ser igual al número 7, que es el número fundacional de estos sistemas. Aun así, nada en el material real sugiere que estas letras puedan tener valores numéricos específicos. Sabemos con certeza que el ángel que se comunicó con Kelley y Dee quería que recordaran todas las letras y sus nombres de inmediato. Dee, siempre la abeja ocupada, tenía mucho en su plato y no quería molestarse en hacer esto, pero el ángel no lo dejaba en paz. Esto queda claro en el intercambio que Dee tuvo con el ángel Me el 26 de marzo de 1583.

Dee: ¡Mira, hombre, tengo una vida!

Me: *Los instruí de antemano y les dije, que ambos deben aprender juntos esas letras sagradas (Fo, así puedo llamarlas audazmente) de memoria: con sus nombres: con la intención de que el dedo señale la cabeza y el cabeza a la comprensión de su cargo.*

Dee: Usted percibe que tengo diversos asuntos que en este momento me retraen de la diligencia adecuada de utilizar y aprender estos Caracteres y sus nombres de memoria: Y, por lo tanto, confío, mas no ofenderé, si concedo todo el ocio conveniente al aprendizaje de los mismos.

Me: Paz, hablas como si no entendieras. Sabemos allí, te vemos en tu corazón: Ni una cosa no dejará a la otra. Porque corto es el tiempo que traerá estas cosas a prueba.

El Gebofal

Los ángeles le habían contado a Kelley y Dee acerca del Gebofal, un gran ritual místico que conduciría a la apertura de las 49 Puertas del Cielo. Necesitarían una serie de invocaciones conocidas como las 49 Llaves o Invocaciones para abrir estas puertas. Todas ellas fueron comunicadas a los magos, excepto la 49. La razón por la que nunca les dieron la Invocación final fue que abrir las 49 conduciría al final de los días. Como los ángeles no revelarían esa Llave final, era seguro que el ritual de Gebofal nunca podría terminarse en vida de Kelley o Dee. También significaba que no habría consecuencias apocalípticas como resultado de terminar el ritual.

Es fácil suponer que la palabra "apocalipsis" es algo terrible, especialmente si ha leído el libro de Apocalipsis en su totalidad. Sin embargo, la palabra realmente se refiere a una revelación de conocimiento. Actualmente estamos en una Nueva Era, y algunos dirían que ya es hora de que descubramos cuál es la Llave final. Se han realizado algunos intentos para descubrir la llave que falta, pero no hay forma de saber con certeza si lo que han llegado es realmente exacto.

Gebofal es el libro de Loagaeth en la práctica. En el diario de Dee, el ángel de la Luna Lavanael dijo:

> *"Ahora al trabajo previsto, que se llama en el Arte Sagrado Gebofal, que no es (como han escrito los Filósofos) el primer paso sobrenatural, sino el primer paso sobrenatural naturalmente limitado a las 48 Puertas de la Sabiduría, donde pertenece tu Libro Sagrado. La última [Puerta] es el hablar con Dios, como lo hizo Moisés, que es infinito: Todas las demás tienen límites propios, en las que están contenidas. Mas entended que esta obra singular recibe Multiplicación y dignificación, por ascensión a través de todas las demás que se limitan según sus propias cualidades". [Una Relación Verdadera y Fiel, página 373]*

Esto describe claramente el ritual. Es una ascensión a través de las 49 Puertas de la Sabiduría, que representan las Tablas de Loagaeth. La descripción de Lavanael recuerda la tradición judía de la Cuenta del Omer y pasar por las 50 Puertas de *Binah*.

Lavanael dice que cada Puerta tiene límites propios a los que están restringidas, y esto es muy probable porque cada una de las Tablas del Libro Sagrado representa una parte de la Creación, por lo que la Puerta de la Sabiduría en cuestión estaría relegada a ese aspecto solo. Es solo la última Tabla, que en realidad es la primera, la que es infinita e ilimitada. Al igual que la Puerta Suprema del Entendimiento, esta Tabla sin límites es una metáfora de la conexión directa con Dios, al igual que Moisés, de quien se cree que atravesó esta Puerta cuando murió.

Las Puertas de la Sabiduría (las Tablas de Loagaeth) podrían considerarse una forma de las Puertas Cabalísticas del Entendimiento. Puede encontrar una pista que alude a esta referencia en el tiempo del ángel al transmitir el Libro Sagrado, un proceso que comenzó el 29 de marzo de 1583, que era un Viernes Santo. El Viernes Santo es muy parecido a la Pascua judía y, en términos prácticos, ambos eventos marcan el comienzo de la primavera. La Pascua significó la salvación de los primogénitos de los judíos cuando la Plaga final fue enviada para acabar con todos los primogénitos de Egipto. Esto luego da inicio a la "Cuenta del Omer". Este es un período de 50 días que coincide con el tiempo del Éxodo de los israelitas al Monte Sinaí, cuando el iniciado o aspirante abre las Puertas de la Comprensión y las atraviesa.

En el lado cristiano, el Viernes Santo es la Crucifixión de Cristo. Este viernes siempre precede al Domingo de Resurrección, que representa la víspera de la resurrección de Jesús. Este es un período de tres días que marca los tres días que Cristo yació en la tumba, durante los cuales descendió espiritualmente a los infiernos para realizar algunas obras, según diversas tradiciones.

Por lo tanto, los Ángeles eligieron comenzar a transmitir el texto del Libro Sagrado a Dee y Kelley en la festividad cristiana que más se correlaciona con la Pascua. Luego, similar al término de cincuenta días de la Cuenta del Omer, las 48 (en realidad 49) Tablas de Loagaeth se recibieron durante cuarenta y ocho días. Esta relación puede servir para explicar las observaciones específicas de los Ángeles sobre el tiempo mágico durante la recepción de Loagaeth, como el siguiente comentario de Uriel:

> *"He aquí (dice el Señor) soplaré sobre los hombres, y tendrán el espíritu de Entendimiento. En 40 días debe estar escrito el Libro de los Secretos, y Llave de este Mundo". [Cinco Libros de Misterio]*

Otra conexión entre Loagaeth y la Cuenta del Omer está en el relato de los Ángeles de las 48 Puertas. Los Ángeles de Dee priorizaron el número 40 y/o 48 sobre los cincuenta días judíos más habituales. Como se dijo anteriormente, Levanael se refirió a ellos como las Puertas de la Sabiduría. Sin embargo, la frase de Uriel en el párrafo anterior se refiere al espíritu de Binah, que es "el espíritu de Entendimiento". Rafael, el Arcángel, también hace una referencia velada al Entendimiento y las Puertas:

> *"Como he dicho: las 49 partes de este Libro [...] Cada elemento en este misterio es un mundo de entendimiento". [Cinco Libros de Misterio]*

El Nalvage aclara esto aún más, según los diarios de Dee:

> *En 49 voces o invocaciones: que son las Llaves Naturales para abrirlas, no 49, sino 48 (porque una no debe abrirse) Puertas de Entendimiento... [Una Relación Verdadera y Fiel...]*

Los estudiantes cabalísticos identificarán a la Sabiduría (Chockmah) como el co-igual de Binah del Sefirot Supremo. Los datos presentados anteriormente indican que los Ángeles de Dee los consideraba intercambiables. Además, existe una conexión cósmica entre la versión judía de las Puertas y la versión de Dee. Es decir, estos sistemas reflejan una visión comparable de cómo se construye el cosmos. Considere el siguiente párrafo del Sepher ha Zohar, el texto cabalístico clásico:

> *"En ese Templo [de Binah], hay 50 puertas, que se supone que están cerradas, lo que significa que bloquean el flujo de Luces. Hay 49 puertas grabadas sobre los "cuatro vientos" del mundo. Una puerta no tiene dirección; no se sabe si mira hacia arriba o hacia abajo. Así es como esta puerta permanece cerrada". [Sepher Zohar, Lo Encerrado y lo Descubierto, vs. 43ff]*

Aquí, está claro que los cuatro vientos tienen grabadas las 49 Puertas, que representan los cuatro puntos cardinales. La más alta de las puertas, sin embargo, no tiene dirección propia. Se encuentra en el medio de la brújula.

Además, existe una profunda relación entre los misterios de la Heptarquía de Dee y la práctica de Loagaeth. La evidencia de esto se puede encontrar en el Libro Sagrado, donde hay nombres angélicos heptárquicos en los títulos y el texto. Además, debemos notar que los ángeles heptárquicos, como los Hijos e Hijas de la Luz, revelaron muchos de los misterios de Loagaeth.

Incluso antes de que Dee y Kelley recibieran este Libro Sagrado, el Arcángel Rafael hizo muy evidente que Loagaeth y la Heptarquía estaban inextricablemente vinculados. Cuando inicialmente expone el Libro

Sagrado a Kelley a través del cristal, expresa inequívocamente que refleja "la medida" de los tres sistemas mágicos revelados a los dos hombres. (Específicamente, el Libro Sagrado, la Heptarquía y la Gran Mesa de la Tierra).

Rafael dice:

"Este es el Segundo y el Tercero: el Tercero y el último. Esta es la medida del todo. (¡Oh! ¿quién es el hombre que es digno de conocer estos secretos? Pesada es su maldad; ¡poderoso es su pecado! Estos conocerás. Estos usarás. [...] Sin embargo, debe haber un tercero, a quien Dios aún no ha elegido. El tiempo será corto, la cosa grande, el fin más grande".

Capítulo 10: Las Invocaciones Enoquianas y el Alfabeto Sagrado

La piedra angular del sistema de magia enoquiana son las invocaciones (llamadas) de la magia enoquiana. Las leerá en idioma enoquiano y también en español traducido a partir del inglés de Dee. Esta lengua angélica es muy diferente de la del Liber Loagaeth. Si bien pueden parecer un galimatías, las invocaciones se han examinado y está claro que están escritas en un idioma real, con coherencia en definiciones, sintaxis y gramática.

A partir del 10 de abril de 1584, las primeras cuatro llaves se entregaron a Dee y Kelley, letra por letra. Fueron entregadas al revés porque a los ángeles les preocupaba que las invocaciones fueran simplemente demasiado potentes para ser entregadas directamente. Las letras se extrajeron de varias cuadrículas con letras. Los ángeles también dieron las traducciones de estas invocaciones justo después de entregarlas. Pero después de que terminaron con la cuarta, cambiaron un poco las cosas. Parece que se habían cansado de este tedioso método de entrega, por lo que pasaron a entregar a los magos de a cinco a dieciocho invocaciones a la vez. Luego esperaron seis semanas antes de darles los significados en inglés de cada uno.

Suponga que piensa que las traducciones de las primeras cuatro llaves (que se entregaron al revés) se alinearon lingüísticamente con las traducciones de las llaves cinco a dieciocho (entregadas hacia adelante, para ser traducidas seis semanas después). En ese caso, se demuestra que ni Dee ni Kelley inventaron las llaves o el lenguaje angelical por su cuenta.

La invocación 18 es la Invocación de los Aethyrs o Aires. El dúo recibió los nombres de estos 30 cielos el 13 de julio de 1584, que fue cuando John Dee cumplió 57 años. Antes de esa última comunicación, los ángeles le dieron a Dee y su compañero una cantidad impresionante de material del 10 de abril al 13 de julio para inspirar a los adeptos del Amanecer Dorado para crear el sistema mágico(k) híbrido llamado Magia(k) Enoquiana. Es un híbrido, ya que la magia(k) enoquiana fue desarrollada aún más por Crowley y el Amanecer Dorado, y también se basa en otras ideas que vinculan las 48 invocaciones con otro material enoquiano que Kelley y Dee obtuvieron después de las llaves.

Notará que las llaves están escritas como los salmos bíblicos, con poesía difícil de perder. También notará que solo son 48, y eso se debe a que Dee y Kelley ocultaron la llave número 49 para evitarle a la humanidad el apocalipsis. Debe pronunciarlas en enoquiano; de lo contrario, no tendrá acceso a las Hojas del Libro de Loagaeth.

Guía Rápida de Pronunciación

Llave Enoquiana 1

Ol sonf vorsg, goho Iad balt, lansh calz vonpho: sobra z-ol ror i ta Nazpad Graa ta Malprg Ds hol-q Qaa nothoa zimz Od commah ta nobloh zien: Soba thil gnonp prge aldi Od vrbs oboleh grsam Casarm ohorela caba pir Od zonrensg cab erm Iadnah Pilah farzm zurza adna Ds gono Iadpil Ds hom Od toh Soba Ipam lu Ipamis Ds loholo vep zomd Poamal Od bogpa aai ta piap piamo-i od vaoan ZACARe c-a od ZAMRAM Odo cicle Qaa Zorge, Lap zirdo Noco MAD Hoath Iaida.

En español: Yo llamo sobre vosotros, dice el Dios de justicia, con poder exaltado sobre los firmamentos de la ira: en cuyas manos el Hijo es como espada y el Mone como lanza de fuego que lanza, que mide vuestros vestidos en medio de mis vestiduras, y os he atado como las palmas de mis manos: cuyos asientos adorné con el fuego de la recolección, y embellecí vuestras vestiduras con admiración. A quienes hice una ley para gobernar a los santos y les entregué una vara con el arca del conocimiento. Más aún alzasteis vuestras voces y jurasteis [obediencia y fe al que vive y triunfa] cuyo principio no es, ni fin no puede ser, que brilla como una llama en medio de vuestro palacio, y resplandece entre vosotros como la balanza de justicia y verdad. Muévete, pues, y muéstrate: abre los Misterios de tu Creación: Sed amable conmigo: porque soy el siervo del mismo Dios suyo, el verdadero adorador del Altísimo.

Llave Enoquiana 2

Adagita vau-pa-ahe zodonugonu fa-a-ipe salada! Vi-i-vau el! Sobame ialpereji i-zoda-zodazod pi-adapehe casarema aberameji ta ta-labo paracaleda qo-ta lores-el-qo turebesa ooge balatohe! Giui cahisa lusada oreri od micalapape cahisa bia ozodonugonu! lape noanu tarofe coresa tage o-quo maninu IA-I-DON. Torezodu! gohe-el, zodacare eca ca-no-quoda! zodameranu micalazodo od ozodazodame vaurelar; lape zodir IOIAD! Adagita vau-pa-ahe zodonugonu fa-a-ipe salada! Vi-i-vau el! Sobame ialpereji i-zoda-zodazod pi-adapehe casarema aberameji ta ta-labo paracaleda qo-ta lores-el-qo turebesa ooge balatohe! Giui cahisa lusada oreri od micalapape cahisa bia ozodonugonu! lape noanu tarofe coresa tage o-quo maninu IA-I-DON. Torezodu! gohe-el, zodacare eca ca-no-quoda! zodameranu micalazodo od ozodazodame vaurelar; lape zodir IOIAD!

En español: ¿Pueden las alas de los vientos ver tus voces de asombro, oh tú, el segundo de los primeros, a quien las llamas ardientes han enmarcado en la profundidad de mis leyes? A quienes he preparado como copas para una boda, o como flores en su hermosura para la Cámara de los justos. Más fuerte es tu destino que la piedra estéril, y más poderosas son tus voces que los múltiples vientos. Porque te has convertido en una compra como no es, sino en la mente del Todopoderoso. Levántate, dice el Primero, Pasa, pues, a sus Siervos: Muéstrate en poder, Y hazme un Fuerte Hirviente, porque yo soy del que vive para siempre.

Llave Enoquiana 3

Micma goho Piad zir com-selh a zien biab Os Lon-doh Norz Chis othil Gigipah vnd-l chis ta-pu-im Q mos-pleh teloch Qui-i-n toltorg chis i chis ge m ozien dst brgda od torzul i li F ol balzarg, od aala Thiln Os ne ta ab dluga vomsarg lonsa cap-mi-ali vors cla homil cocasb fafen izizop od mi i noag de gnetaab vaun na-na-e-el panpir Malpirgi caosg Pild noan vnalah balt od vooan do o-i-ap MAD Goholor gohus amiran Micma Iehusoz ca-ca-com od do-o-a-in noar mi-ca-olz a-ai-om Casarmg gohia ZACAR vniglag od Im-ua-mar pugo plapli ananael Q a an.

En español: He aquí, dice vuestro dios, soy un Círculo en cuyas manos se levantan 12 Reinos: Sis son los asientos del Aliento de la Vida: el resto son como hoces afiladas o los cuernos de la muerte, donde las Criaturas de la tierra no deben estar, excepto el mío. propia mano que duerme y se levantará. En la primera os hice Administradores y os coloqué en los escaños 12 del gobierno. dando a cada uno de vosotros poder sucesivamente sobre 456, las verdaderas edades de los tiempos: con la intención de que desde vuestras más altas vasijas y los rincones de vuestros gobiernos pudierais hacer funcionar mi poder, derramando los fuegos de la vida y aumentando continuamente sobre la tierra: Así os convertís en las faldas de la Justicia y de la Verdad. En el Nombre del mismo vuestro Dios, elevad vosotras, digo, vuestras propias. He aquí que sus misericordias florecen y el Nombre se hace poderoso entre nosotros. En quien decimos: Muévete, Desciende, y aplica tus valores a nosotros, como a los participantes de la Sabiduría Secreta de tu Creación.

Llave Enoquiana 4

Othil lasdi babge od dorpha Gohol G chis ge auauago cormp pd dsonf vi v-di-v Casarmi oali Map m Sobam ag cormpo c-rp-l Casarmg cro od zi chis od vgeg dst ca pi mali chis ca pi ma on Ionshin chis ta lo Cla Torgu Nor quasahi od F caosaga Bagle zi re nai ad Dsi od Apila Do o a ip Q-a-al ZACAR od ZAMRAN Obelisong rest-el aaf Nor-mo-lap.

En español: He puesto mi fe en la tierra y me ha mirado, diciendo, ¿no están los Truenos de aumento numerados 33 que brillan en el Segundo Ángulo? Bajo quien he puesto 9639 a quien nadie ha contado todavía sino uno, en quien el segundo principio de las cosas es y se fortalece, que también sucesivamente son el número del tiempo: y sus poderes son como los primeros 456. ¡Levántense, hijos del placer! Y contemplen la tierra: porque yo soy el Señor tu Dios que es y vive. En el nombre del Creador, Muévete y muéstrate como placentero libertador, para que puedan alabarlo entre los hijos de los hombres.

Llave Enoquiana 5

Sa pah zimii du-i-v od noas ta-qu-a-nis adroch dorphal Ca osg od faonts peripsol tablior Casarm amipzi na zarth af od dlugar zizop z-lida caosagi tol torg od z-chis e si asch L ta vi u od iaod thild ds peral hubar Pe o al soba cormfa chis ta la vis od Q-co-casb Ca nils od Darbs Q a as Feth-ar-zi od bliora ia-ial ed nas cicles Bagle Ge iad i L.

En español: Los poderosos sonidos han entrado en el 3er Ángulo y se han convertido como aceites en el aceite sembrado, mirando con alegría la tierra y morando en el resplandor de los cielos como continuos consuelos. A los cuales fijé torres de alegría 19 y les di vasijas para regar la tierra con sus criaturas: y ellos son los hermanos del primero y del segundo y el principio de sus propios asientos que [están adornados con lámparas encendidas continuamente] 69636 cuyos números son como los primeros, los cabos y el contenido del tomillo. Por tanto, venid y obedeced a vuestra creación: visitadnos en paz y consuelo: Concluid vosotros como receptores de vuestros misterios: ¿por qué? Nuestro Señor y Señor es todo Uno.

Llave Enoquiana 6

Gah s di u chis em micalzo pil zin sobam El harg mir babalon od obloc samvelg dlugar malprg arcaosgi od Acam canal so bol zar f-bliard caosgi od chis a ne tab od miam ta vi v od d Darsar sol peth bi en B ri ta od zacam g mi calzo sob ha hath trian Lu ia he odecrin MAD Q a a on.

En español: Los espíritus del cuarto ángulo son Nueve, poderosos en el firmamento de las aguas: el primero de los cuales plantó un tormento para los impíos y una guirnalda para los justos: [d]ándoles dardos de fuego para vaciar la tierra y 7699 Obreros continuos cuyos cubren la tierra y están en gobierno y continuidad como el segundo y el tercero. Por tanto, escucha mi voz: he hablado de ti y te conmuevo en poder y presencia: cuyas Obras serán un canto de honor y alabanza de tu Dios en tu Creación.

Llave Enoquiana 7

R a as isalman para di zod oe cri ni aao ial purgah qui in enay butmon od in oas ni para dial casarmg vgear chirlan od zonac Lu cif tian cors to vaul zirn tol ha mi Soba Londoh od miam chis tad o des vmadea od pibliar Othil rit od miam C no quol Rit ZACAR, ZAMRAN oecrimi Q a dah od o mi ca olz aaiom Bagle pap nor id lugam lonshi od vmplif vgegi Bigliad.

En español: El Oriente es una casa de vírgenes que cantan alabanzas entre las llamas de la primera gloria donde el Señor ha abierto su boca: y se convierten en moradas vivas en las que se regocija la fuerza del hombre, y están ataviadas con ornamentos de brillos como obras maravillosas. sobre todas las criaturas. Cuyos Reinos y continuidad son como la Tercera y Cuarta Torres Fuertes y lugares de confort, Los asientos de Misericordia y Continuidad. Oh, Siervos de la Misericordia: Muévete, aparece: canta oraciones al Creador y sé poderoso entre nosotros. Porque a este recuerdo se le da poder y nuestra fuerza se fortalece en nuestro Edredón.

Llave Enoquiana 8

Bazmelo i ta pi ripson oln Na za vabh ox casarmg vran Chis vgeg dsa bramig bal to ha goho i ad solamian trian ta lol cis A ba i uo nin od a zi agi er rior Ir gil chis da ds pa a ox bufd Caosgo ds chis odi puran teloah cacrg isalman loncho od Vouina carbaf Niiso Bagle auauaga gohon Niiso bagle momao siaion od mabza Iad o i as mo mar poilp Niis ZAMRAN ci a o fi caosgo od bliors od corsi ta a bra mig.

En español: El Mediodía, el primero, es como el tercer cielo hecho de 26 Pilares: en donde se fortalecen los Ancianos que he preparado para mi propia justicia, dice el Señor: cuya larga continuidad será como escudos al Dragón que se agacha y como para la cosecha de una viuda. ¿Cuántos quedan en la gloria de la tierra, que son, y no verán la muerte, hasta que esta caída caiga y el Dragón se hunda? Salid, que los Truenos han hablado: Salid, que las Coronas del Templo y la túnica del que es, fue y será coronado, están divididas. Vengan, aparezcan para el terror de la tierra y para nuestro consuelo y de los que están preparados.

Llave Enoquiana 9

Mica oli bransg prgel napta ialpor ds brin efafafe P vonpho o l a ni od obza Sobca v pa ah chis tatan od tra nan balye a lar lusda so boln od chis hol q C no quo di cial v nal aldon mom caosgo ta las ollor gnay limlal Amma chiis Sobca madrid z chis ooanoan chiis auiny dril pi caosgin od od butmoni parm zum vi C nila Daziz e thamz a-childao od mirc ozol chis pi di a i Collal Vl ci nin a sobam v cim Bagle Iab baltoh chirlan par Niiso od ip ofafafe Bagle acosasb icorsca unig blior.

En español: Una poderosa guardia de fuego con espadas de dos filos flamígeras (que tienen Violas 8 de Ira por dos timos y medio: cuyas alas son de ajenjo y de tuétano de sal), han clavado sus pies en Occidente y se miden con sus ministros. 9996. Éstos recogen el musgo de la tierra como el rico lo hace con su trepador: malditos aquellos cuyas iniquidades son a sus ojos, son piedras de molino más grandes que la tierra, y de sus madres runas mares de rubor: sus cabezas están cubiertas de diamante, y encima sus cabezas son rocas de mármol. *Feliz es aquel en quien no fruncen el ceño. ¿Para qué? ¡El Dios de justicia se regocija en ellos! Salid, y no vuestras violas, porque el tiempo es tal que requiere comodidad.

Llave Enoquiana 10

Coraxo chis cormp od blans Liucal aziazor paeb soba lilonon chis virq op eophan od salbrox cynixir faboan U nal chis Coust ds saox co casg ol oanio yor eors vohim gizyax od math cocasg plo si molui ds pa ge ip larag om droln matorb cocasb emna L patralx yolci math nomig momons olora gnay angelard Ohio ohio ohio ohio ohio ohio ohio noib ohio caosgon Bagle madrid i zirop chiso drilpa Niiso crip ip nidali.

En español: Los Truenos del Juicio y de la Ira están contados y son aborrecidos en el Norte a semejanza de un roble, cuyas ramas son Nidos 22 de Lamento y Llanto tendidos sobre la tierra, que arden de noche y de día, y vomitan cabezas de escorpiones y escorpiones. azufre vivo mezclado con veneno. Estos son los Truenos que 5678 veces en la 24a parte de un momento rore [con cien poderosos terremotos y mil] veces como muchas oleadas. que no descansan ni conocen aquí ningún eco*. Una roca produce 1000, como el corazón del hombre sus pensamientos. ¡Ay, ay, ay, ay, ay, ay, sí, ay de la tierra! ¡Porque su iniquidad es, fue y será grande! Venid: pero no vuestros ruidos. (*"Cualquier tiempo de eco entre".)

Llave Enoquiana 11

Ox i ay al holdo od zirom O Coraxo ds zddar ra asy od vab zir comliax od ba hal Niiso salman teloch Casar man holq od ti ta z-chis soba cormf i ga Niisa Bagle abramg noncp ZACARe ca od ZAMRAN odo cicle qaa Zorge lap zirdo noco Mad Hoath Iaida.

En español: El Trono Fuerte gimió y fueron 5 truenos que volaron hacia el Este: y el Águila habló y clamó en voz baja, Venid: [y se juntaron y se convirtieron] en la casa de la muerte de quien se mide y es como son, cuyo número es 31. Salid, porque os lo he preparado. Muévanse, pues, y muéstrate a ti mismo: abre los Misterios de su Creación: sed amable conmigo: porque soy el siervo de ustedes mismos, tu Dios, el verdadero adorador del Altísimo.

Llave Enoquiana 12

Nonci dsonf Babage od chis ob hubaio tibibp allar atraah od ef drix fafen Mian ar E nay ovof soba do o a in aai i VONPH ZACAR gohus od ZAMRAM odo cicle Qaa Zorge, lap zirdo noco MAD Hoath Iaida.

En español: Oh tú que resplandeces en la tierra y eres 28, Las linternas del dolor, ata tus cinturones y visítanos. Baja tu bandeja 3663 para que el Señor sea engrandecido, cuyo nombre entre ustedes es Ira. Muévanse, digo, y muéstrate: abre los Misterios de su Creación: sed amable conmigo: porque soy el servidor del mismo su Dios, el verdadero adorador del Altísimo.

Llave Enoquiana 13

Napeai Babgen ds brin vx ooaona lring vonph doalim eolis ollog orsba ds chis affa Micma isro MAD od Lonshitox ds ivmd aai GROSB ZACAR od ZAMRAN, odo cicle Qaa, zorge, lap zirdo noco MAD Hoath Iaida.

En español: ¡Oh, espadas de la tierra que tenéis 42 ojos para agitar la ira del pecado, embriagando a los hombres que están vacíos! He aquí la promesa de Dios y su poder que entre vosotros se llama Picadura Amarga. Muévete y muestra tus valores: abre los Misterios de su Creación: sed amable conmigo: porque soy el servidor de ti mismo, su Dios, el verdadero adorador del Altísimo.

Llave Enoquiana 14

Noromi bagie pasbs oiad ds trint mirc ol thil dods tolham caosgo Ho min ds brin oroch Quar Micma bial oiad a is ro tox dsi vm aai Baltim ZACAR od ZAMRAN odo cicle Qaa, zorge, lap zirdo noco MAD, hoath Iaida.

En español: Oh, hijos de la furia, los que devoran la lujuria, que os sentáis en 24 asientos, envejeciendo a todas las criaturas de la tierra con la edad, que os han puesto debajo de vosotros 1636: he aquí la Voz de Dios, las promesas de aquel que entre vosotros es llamado Furia o Justicia extrema. Muévete y muestra tus valores: abre los Misterios de su Creación: sed amable conmigo: porque soy el servidor del mismo su Dios, el verdadero adorador del Altísimo.

Llave Enoquiana 15

Ils tabaan li al prt casarman Vpahi chis darg dso ado caosgi orscor ds omax nonasci Baeouib od emetgis iaiadix ZACAR od ZAMRAN, odo cicle Qaa, zorge, lap zirdo noco MAD, hoath Iaida.

En español: Oh, tú, el gobernador de la primera llama bajo cuyas alas están 6739 que tejen la tierra con sequedad, que conoces el gran nombre Justicia y el Sello del Honor. Muévete y muéstrate: abre los Misterios de tu Creación: sed amable conmigo: porque soy el servidor del mismo tu Dios, el verdadero adorador del Altísimo.

Llave Enoquiana 16

Ils viuialprt salman blat ds acro odzi busd od bliorax balit dsin-si caosg lusdan Emod dsom od tli-ob drilpa geh uls MAD zilodarp ZACAR od ZAMRAN odo cicle Qaa, zorge, lap zirdo noco MAD, hoath Iaida.

En español: Oh. tú, segunda llama, el camino de la justicia, que tiene tu comienzo en la gloria y consolarás a los justos: que caminas sobre la tierra[h] con 8763 pies que entienden y separan a las criaturas: gran arte en el Dios de Extender Más Allá y Conquistar. Muévete y muestra tus valores: abre los Misterios de su Creación: sed amable conmigo: porque soy el servidor del mismo su Dios, el verdadero adorador del Altísimo.

Llave Enoquiana 17

Ils do alprt soba vpa ah chis manba zixlay dodshi od brint Taxs hubaro tas tax ylsi, so bai ad I von po vnph Aldon dax il od toatar ZACAR od ZAMRAN odo cicle Qaa zorge lap zirdo Noco MAD hoath Iaida.

En español: Oh, tú, tercera llama cuyas alas son espinas para acicatear la aflicción y tienes 7336 lámparas encendidas que van delante del [e], cuyo Dios es la ira, ciñe tus lomos y escucha. Muévete y muestra tus valores: abre los Misterios de su Creación: sed amable conmigo: porque soy el servidor del mismo su Dios, el verdadero adorador del Altísimo.

Llave Enoquiana 18

Ils Micail-z olprit ial prg Bliors ds odo Cusdir oiad o uo ars caosgo Ca sar mg La iad eran brints cafafam ds iumd a q lo a do hi MOZ od ma of fas Bolp comobliort pambt ZACAR od ZAMRAN odo cicle Qaa zorge lap zirdo Noco MAD, hoath Iaida.

En español: Oh, poderosa Luz y ardiente llama de consuelo que abres la gloria de Dios al centro de la tierra, en quien los Secretos de la Verdad 6332 tienen su morada, que se llama en tu reino y no puede medirse: sé tú una ventana de consuelo para mí. Muévete y muéstrate: abre los Misterios de tu Creación: sé amable conmigo: porque soy el servidor del mismo tu Dios, el verdadero adorador del Altísimo.

La Llave o Invocación de los 30 Aethyrs

Estos son 30 nombres de Aethyrs:

1. LIL
2. ARN
3. ZOM
4. PAZ
5. LAT
6. MAZ
7. DEO
8. ZID
9. ZIP
10. ZAX
11. ICH
12. LOW

13. ZIM
14. VTA
15. OXO
16. LEA
17. TAN
18. ZEN
19. POP
20. CHR
21. ASP
22. LIN
23. TOR
24. NIA
25. VTI
26. DES
27. ZAA
28. BAG
29. RII
30. TEX

La Invocación Enoquiana de los 30 Aethyrs

Madriax ds praf {Nombre del Aethyr, por ejemplo LIL} chis Micaolz saanir caosgo od fisis bal zizras Iaida nonca gohulim Micma adoian MAD I a od Bliorb sa ba ooaona chis Luciftias peripsol ds abraassa noncf netaa ib caosgi od tilb adphaht dam ploz tooat noncf gmi calzoma L rasd tofglo marb yarry I DOI GO od tor zulp ia o daf gohol caosga ta ba ord saanir od christeos yr poil ti ob l Bus dir tilb noaln pa id orsba od dodrmni zylna El zap tilb parm gi pe rip sax od ta qurlst bo o a pi S L nib m ov cho symp od Christeos Ag tol torn mirc q ti ob l Lel, Tom paombd dilzmo aspian, Od christeos Ag L tor torn parach a symp, Cord ziz dod pal od fifalz L s mnad od fargt bams omaoas Conisbra od auauox tonug Ors cat bl noasmi tab ges Leuith mong vnchi omp tilb ors. Bagle Mo o o ah ol cord ziz L ca pi ma o ix o maxip od ca co casb gsaa Baglen pi i tianta a ba ba lond od faorgt teloc vo v im Ma dri iax tirzu o adriax oro cha aboapri Tabaori priaz ar ta bas. A dr pan cor sta dobix Yol cam pri a zi ar coazior. Od quasb q ting Ripir pa a oxt sa ga cor. vm l od prd zar ca crg A oi ve a e cormpt

TORZV ZACAR od ZAMRAN aspt sibsi but mona ds surzas tia baltan ODO cicle Qaa Od Ozama plapli Iad na mad.

En español: ¡Oh, vosotros, cielos que moráis en el Primer Ayre, los poderosos en las partes de la Tierra, y ejecutáis el Juicio del Altísimo! A vosotros se dice: He aquí el rostro de vuestro Dios, el principio del consuelo, cuyos ojos son los resplandores de los cielos: el cual os proveyó para el gobierno de la Tierra y su inefable variedad, dando a vosotros poder para disponer de todo. cosas según la providencia de Aquel que está sentado en el Trono Santo, y se levantó en el principio, diciendo: La tierra sea gobernada por sus partes y haya en ella división, para que la gloria de ella sea siempre embriagada y enfadado en sí mismo. Su curso, que corra con los cielos, y como sierva les sirva. Que una estación se confunda con otra, y que no haya criatura sobre o dentro de ella igual: todos sus miembros sean diferentes en sus cualidades, y que no haya una criatura igual a otra: las Criaturas razonables de la Tierra ellos se enfadan y se eliminan unos a otros, y las moradas que se olviden de sus nombres: la obra del hombre, y su pompa, que sean desfiguradas: que sus edificios se conviertan en cuevas para las bestias del campo. Confundir su comprensión con tinieblas. ¿Para qué? Me arrepiento de haber hecho Hombre. Por un tiempo déjala ser conocida y otro tiempo por extraña: porque ella es la cama de una Ramera, y la morada de Aquel. ¡Oh cielos, levantaos: los cielos inferiores debajo de vosotros, que os sirvan! ¡Gobiernen los que gobiernan: derribad como caen! ¡Saca adelante con los que aumentan, y destruye los podridos! Ningún lugar queda en un solo número: ¡aumenta y disminuye hasta que las estrellas se numeren!

Levántense, muévanse y comparezcan ante el pacto de su madre, el cual nos ha jurado en su justicia. Abre los Misterios de tu Creación: y haznos partícipes del Conocimiento Infundido.

La Mesa Redonda de Nalvage

La Mesa Redonda de Nalvage es cualquier cosa menos redonda. Es un cuadrado dividido en cuatro cuadrados más (también llamados continentes), con cuatro barras exteriores a su alrededor. Las barras y los continentes se dividen aún más en cuadrados con letras, de modo que cada continente tiene nueve cuadrados y cada barra tiene cuatro. El Ángel Nalvage les había dicho a Kelley y Dee que los primeros dos continentes, 1 y 2 (en el lado izquierdo) eran "dignos". Los continentes 3 estaban "aún no dignificados, pero por dignificarse", y el continente 4 estaba "sin gloria ni dignidad". Nalvage pasó a describir estos continentes en latín:

1. Continente 1: *Vita suprema,* que significa "vida más alta". Este también es el "continente de la alegría".
2. Continente 2: *Vita,* que significa "vida". Este es el "continente de la potencialidad".
3. Continente 3: *Vita non dignificata, sed dignificanda,* que significa, "vida no dignificada, pero que será dignificada". Este es el continente de la "creación".
4. Continente 4: *Vita est etiam haec, sed quae perperit mors,* que significa "Incluso esto es vida, pero vida que se pagará con la muerte". Este es el "continente de la discordia".

Cada continente de la mesa redonda tiene nueve letras que puede leer de diferentes maneras para crear palabras reales en el lenguaje angelical. Cuando lo lea en sentido contrario a las agujas del reloj, las barras exteriores de la mesa deletrearán los nombres de los cuatro tipos de ángeles:

- Los Luah (ángeles adoradores)
- Los Lang (ángeles ministradores)
- Los Sach (ángeles confirmantes)
- Los Urch (ángeles confusos)

Estos ángeles limitan el trabajo de las fuerzas angelicales en cada continente, manteniéndolas contenidas. Nalvage luego ofreció las interpretaciones latinas de las palabras dentro de los continentes cuando las lees de izquierda a derecha de la siguiente manera:

- Idz – Gaudium – Alegría
- Aoi – Praesentia – Presencia
- Mzr – Laudentes – Adoración
- Sai – Actio – Acción
- God – Factum – Eventos
- Urr – Confirmantes – Confirmación
- Bna – Protestas – Poder
- Daz – Motus – Movimiento
- Iab – Ministrantes – Ministración
- Fos – Luctos – Lamento
- Sea – Discordia – Discordia

- Rdi — Confundantes — Confusión

Las esquinas exteriores de cada continente deletrean *iad*, la palabra enoquiana que significa Dios. Las tres letras que corren en diagonal deletrean *moz* (alegría), *sor* (acción), *bab* (poder) y *ser* (lamento). Luego tiene las tres letras de las esquinas internas de los continentes que deletrean *zir* (yo soy), *zna* (movimiento), *osf* (discordia) y *gru* (hecho). Juntando estas palabras, puede crear frases como estas:

Continente 4: La Discordia y el Lamento de Dios (*iad ser osf*)

Continente 3: El Resultado de la Acción de Dios (*iad sor gru*)

Continente 2: El Poder de Dios en Movimiento (*iad bab zna*)

Continente 1: Yo soy la Alegría de Dios (*iad moz zir*)

Nalvage decía que en lo que respecta a toda la mesa, "la Sustancia se atribuye a Dios Padre". Hablando de las letras de las barras exteriores, decía: "El primer motor circular, la circunferencia, Dios el Hijo, el Dedo de la Cosecha y el Motor de todas las cosas". Sobre los continentes y cómo deben leerse sus letras, dijo: "El orden y unión de las partes en su debida y perfecta proporción, Dios Espíritu Santo. He aquí el principio y el fin de todas las cosas".

Cuando se decodifica la Mesa Redonda de Nalvage, muestra nombres y palabras angelicales y divinas que están siempre en movimiento, de una manera que recuerda a un coro de ángeles. No está claro si Nalvage reveló cómo se debe usar la mesa. Sin embargo, está claro que los magos Kelley y Dee obtuvieron lo que quedaba del sistema de magia(k) enoquiana en 90 días o menos después de recibir esta mesa. Esto hace que algunos historiadores y magos se pregunten si la Mesa Redonda podría haber sido el catalizador o si fue la llave para una "primera invocación" tácita, si no la invocación misma.

Capítulo 11: Las Partes de la Tierra y los 30 Aethyrs

Dee estaba muy interesado en los acontecimientos políticos de Polonia y realmente quería obtener información de los ángeles. Nalvage había tratado de explicarle cómo los espíritus están a cargo de varias partes de la tierra. En el proceso, explicó cómo todo, tanto en el cielo como en la tierra, está conectado con todo lo demás. Dee anotó todo lo que el ángel le había revelado sobre esto en el *Liber Scientae Auxilii et Vitoriae Terrestris*.

Nalvage comenzó dividiendo el universo en 30 partes que luego se conocerían como Aethyrs o Aires. Asignó 91 lugares de la tierra a los 30 Aires. Al principio, se refirió a lugares alrededor de la tierra por los nombres conocidos por Dee y Kelley y luego por sus nombres divinos. Luego asignó a cada una de las tribus de Israel estos pares de nombres, junto con su rey angélico, ministros y coordenadas. Tenga en cuenta que los siguientes se enumeran secuencialmente.

Aire Número 1, Gobernado por LIL
Lugar de la Tierra: Egipto
Nombre Divino: Occodon
Tribu: Neftalí
Cuarto de la Tierra: Este N-E
Tipo Angelical: Zarzlig
Número de buenos ministros: 7209

Lugar de la Tierra: Siria
Nombre Divino: Pascomb
Tribu: Zabulón
Cuarto de la Tierra: Oeste S-O
Tipo Angelical: Zinggen
Número de buenos ministros: 2360
Nombre de buenos príncipes del Aire:
Lugar de la Tierra: Mesopotamia
Nombre Divino: Valgars
Tribu: Isacar
Cuarto de la Tierra: Oeste N-O
Tipo Angelical: Alpudus
Número de buenos ministros: 5362

Aire Número 2, Gobernado por ARN
Lugar de la Tierra: Capadocia
Nombre Divino: Doagnis
Tribu: Manasés
Cuarto de la Tierra: Norte
Tipo Angelical: Zarnaah
Número de buenos ministros: 3636
Lugar de la Tierra: Etruria
Nombre Divino: Pacasna
Tribu: Rubén
Cuarto de la Tierra: Sur
Tipo Angelical: Ziracah
Número de buenos ministros: 2362
Lugar de la Tierra: Asia Menor
Nombre Divino: Dialioa
Tribu: Rubén
Cuarto de la Tierra: Sur
Tipo Angelical: Ziracah
Número de buenos ministros: 8962

Aire Número 3, Gobernado por ZOM
Lugar de la Tierra: Hircania
Nombre Divino: Samapha
Tribu: Neftalí
Cuarto de la Tierra: Este N-E
Tipo Angelical: Zarzlig
Número de buenos ministros: 4400
Lugar de la Tierra: Tracia
Nombre Divino: Virooli
Tribu: Isacar
Cuarto de la Tierra: Oeste N-O
Tipo Angelical: Alpudus
Número de buenos ministros: 3660
Lugar de la Tierra: Gosmam
Nombre Divino: Andispi
Tribu: Gad
Cuarto de la Tierra: Sur S-E
Tipo Angelical: Lavavot
Número de buenos ministros: 9236

Aire Número 4, Gobernado por PAZ
Lugar de la Tierra: Thebaidi
Nombre Divino: Thotanp
Tribu: Gad
Cuarto de la Tierra: Sur S-E
Tipo Angelical: Lavavot
Número de buenos ministros: 2360
Lugar de la Tierra: Parsadal
Nombre Divino: Axziarg
Tribu: Gad
Cuarto de la Tierra: Sur S-E
Tipo Angelical: Lavavot
Número de buenos ministros: 3000

Lugar de la Tierra: India
Nombre Divino: Pothnir
Tribu: Efraín
Cuarto de la Tierra: Norte N-O
Tipo Angelical: Arfaolg
Número de buenos ministros: 6300
Aire Número 5, Gobernado por LIT
Lugar de la Tierra: Bactriane
Nombre Divino: Lazdixi
Tribu: Dan
Cuarto de la Tierra: Este
Tipo Angelical: Olpaged
Número de buenos ministros: 8630
Lugar de la Tierra: Cilicia
Nombre Divino: Nocamal
Tribu: Isacar
Cuarto de la Tierra: Oeste N-O
Tipo Angelical: Alpudus
Número de buenos ministros: 2306
Lugar de la Tierra: Oxiana
Nombre Divino: Tiarpax
Tribu: Zabulón
Cuarto de la Tierra: Oeste S-O
Tipo Angelical: Zinggen
Número de buenos ministros: 5802
Aire Número 6, Gobernado por MAZ
Lugar de la Tierra: Numidia
Nombre Divino: Saxtomp
Tribu: Aser
Cuarto de la Tierra: Este S-E
Tipo Angelical: Gebabal
Número de buenos ministros: 3620

Lugar de la Tierra: Chipre
Nombre Divino: Vavaamp
Tribu: Efraín
Cuarto de la Tierra: Norte N-O
Tipo Angelical: Arfaolg
Número de buenos ministros: 9200
Lugar de la Tierra: Partia
Nombre Divino: Zirzird
Tribu: Aser
Cuarto de la Tierra: Este S-E
Tipo Angelical: Gebabal
Número de buenos ministros: 7720

Aire Número 7, Gobernado por DEO
Lugar de la Tierra: Getulia
Nombre Divino: Opmacas
Tribu: Manasés
Cuarto de la Tierra: Norte
Tipo Angelical: Zarnaah
Número de buenos ministros: 6363
Lugar de la Tierra: Arabia
Nombre Divino: Genadol
Tribu: Judá
Cuarto de la Tierra: Oeste
Tipo Angelical: Homonol
Número de buenos ministros: 7706
Lugar de la Tierra: Falagón
Nombre Divino: Aspiaón
Tribu: Zabulón
Cuarto de la Tierra: Oeste S-O
Tipo Angelical: Zinggen
Número de buenos ministros: 6320

Aire Número 8, Gobernado por ZID
Lugar de la Tierra: Mantiana
Nombre Divino: Zamfres
Tribu: Aser
Cuarto de la Tierra: Este S-E
Tipo Angelical: Gebabal
Número de buenos ministros: 4362
Lugar de la Tierra: Soxia
Nombre Divino: Todnaon
Tribu: Dan
Cuarto de la Tierra: Este
Tipo Angelical: Olpaged
Número de buenos ministros: 7236
Lugar de la Tierra: Galia
Nombre Divino: Pristac
Tribu: Neftalí
Cuarto de la Tierra: Este N-E
Tipo Angelical: Zarzilg
Número de buenos ministros: 2302

Aire Número 9, Gobernado por ZIP
Lugar de la Tierra: Asiria
Nombre Divino: Oddiorg
Tribu: Judá
Cuarto de la Tierra: Oeste
Tipo Angelical: Hononol
Número de buenos ministros: 9996
Lugar de la Tierra: Sogdiana
Nombre Divino: Cralpir
Tribu: Gad
Cuarto de la Tierra: Sur S-E
Tipo Angelical: Lavavot
Número de buenos ministros: 3620

Lugar de la Tierra: Lidia
Nombre Divino: Doanzin
Tribu: Neftalí
Cuarto de la Tierra: Este N-E
Tipo Angelical: Zarzilg
Número de buenos ministros: 4230

Aire Número 10, Gobernado por ZAX

Lugar de la Tierra: Caspis
Nombre Divino: Lexarph
Tribu: Zabulón
Cuarto de la Tierra: Oeste S-O
Tipo Angelical: Zinggen
Número de buenos ministros: 8880
Lugar de la Tierra: Germania
Nombre Divino: Comanan
Tribu: Isacar
Cuarto de la Tierra: Oeste N-O
Tipo Angelical: Alpudus
Número de buenos ministros: 1230
Lugar de la Tierra: Trenam
Nombre Divino: Tabitom
Tribu: Neftalí
Cuarto de la Tierra: Este N-E
Tipo Angelical: Zarzilg
Número de buenos ministros: 1617

Aire Número 11, Gobernado por ICH

Lugar de la Tierra: Bitinia
Nombre Divino: Molpand
Tribu: Gad
Cuarto de la Tierra: Sur S-E
Tipo Angelical: Lavavot
Número de buenos ministros: 3472

Lugar de la Tierra: Gracia
Nombre Divino: Usnarda
Tribu: Simeón
Cuarto de la Tierra: Sur S-O
Tipo Angelical: Zurchol
Número de buenos ministros: 7236
Lugar de la Tierra: Licia
Nombre Divino: Ponodol
Tribu: Juda
Cuarto de la Tierra: Oeste
Tipo Angelical: Hononol
Número de buenos ministros: 5234

Aire Número 12, Gobernado por LOE

Lugar de la Tierra: Onigap
Nombre Divino: Tapamal
Tribu: Simeón
Cuarto de la Tierra: Sur S-O
Tipo Angelical: Zurchol
Número de buenos ministros: 2658
Lugar de la Tierra: India Mayor
Nombre Divino: Gedoons
Tribu: Benjamín
Cuarto de la Tierra: Norte N-E
Tipo Angelical: Cadaamp
Número de buenos ministros: 7772
Lugar de la Tierra: Orchenii
Nombre Divino: Ambriol
Tribu: Rubén
Cuarto de la Tierra: Sur
Tipo Angelical: Ziracah
Número de buenos ministros: 3391

Aire Número 13, Gobernado por ZIM
Lugar de la Tierra: Acaya
Nombre Divino: Gecaond
Tribu: Gad
Cuarto de la Tierra: Sur S-E
Tipo Angelical: Lavavot
Número de buenos ministros: 8111
Lugar de la Tierra: Armenia
Nombre Divino: Laparin
Tribu: Dan
Cuarto de la Tierra: Este
Tipo Angelical: Olpaged
Número de buenos ministros: 336
Lugar de la Tierra: Nemrodiana
Nombre Divino: Docepax
Tribu: Isacar
Cuarto de la Tierra: Oeste N-O
Tipo Angelical: Alpudus
Número de buenos ministros: 4213

Aire Número 14, Gobernado por VTA
Lugar de la Tierra: Paflagonia
Nombre Divino: Tedoond
Tribu: Aser
Cuarto de la Tierra: Este S-E
Tipo Angelical: Gebabal
Número de buenos ministros: 2673
Lugar de la Tierra: Fasiana
Nombre Divino: Vivipos
Tribu: Isacar
Cuarto de la Tierra: Oeste N-O
Tipo Angelical: Alpudus
Número de buenos ministros: 8230

Lugar de la Tierra: Chaldei
Nombre Divino: Ooanamb
Tribu: Efraín
Cuarto de la Tierra: Norte N-O
Tipo Angelical: Arfaolg
Número de buenos ministros: 8230

Aire Número 15, Gobernado por OXO
Lugar de la Tierra: Itergi
Nombre Divino: Tahamdo
Tribu: Neftalí
Cuarto de la Tierra: Este N-E
Tipo Angelical: Zirzilg
Número de buenos ministros: 1367
Lugar de la Tierra: Macedonia
Nombre Divino: Nociabi
Tribu: Gad
Cuarto de la Tierra: Sur S-E
Tipo Angelical: Lavavot
Número de buenos ministros: 1367
Lugar de la Tierra: Garamantica
Nombre Divino: Tastoxo
Tribu: Efraín
Cuarto de la Tierra: Norte N-O
Tipo Angelical: Arfaolg
Número de buenos ministros: 1886

Aire Número 16, Gobernado por LEA
Lugar de la Tierra: Saoromatica
Nombre Divino: Cucarpt
Tribu: Rubén
Cuarto de la Tierra: Sur
Tipo Angelical: Ziracah
Número de buenos ministros: 9920

Lugar de la Tierra: Etiopía
Nombre Divino: Lavacon
Tribu: Judá
Cuarto de la Tierra: Oeste
Tipo Angelical: Honolol
Número de buenos ministros: 9230
Lugar de la Tierra: Fiacins
Nombre Divino: Sochial
Tribu: Efraín
Cuarto de la Tierra: Norte N-O
Tipo Angelical: Arfaolg
Número de buenos ministros: 9240

Aire Número 17, Gobernado por TAN
Lugar de la Tierra: Cholchica
Nombre Divino: Sigmorf
Tribu: Rubén
Cuarto de la Tierra: Sur
Tipo Angelical: Zirnesh
Número de buenos ministros: 9623
Lugar de la Tierra: Coreniaca
Nombre Divino: Aydropt
Tribu: Dan
Cuarto de la Tierra: Este
Tipo Angelical: Olpaged
Número de buenos ministros: 9132
Lugar de la Tierra: Nasamonia
Nombre Divino: Torcazi
Tribu: Neftalí
Cuarto de la Tierra: Este N-E
Tipo Angelical: Zirzilg
Número de buenos ministros: 2634

Aire Número 18, Gobernado por ZEN
Lugar de la Tierra: Cartago
Nombre Divino: Nabaomi
Tribu: Aser
Cuarto de la Tierra: Este S-E
Tipo Angelical: Gebebal
Número de buenos ministros: 2346
Lugar de la Tierra: Coxlant
Nombre Divino: Zafasai
Tribu: Isacar
Cuarto de la Tierra: Oeste N-O
Tipo Angelical: Alpudus
Número de buenos ministros: 9276
Lugar de la Tierra: Idumea
Nombre Divino: Yalpamb
Tribu: Efraín
Cuarto de la Tierra: Oeste N-O
Tipo Angelical: Alpudus
Número de buenos ministros: 2689

Aire Número 19, Gobernado por POP
Lugar de la Tierra: Parstavia
Nombre Divino: Torzoxi
Tribu: Efraín
Cuarto de la Tierra: Norte N-O
Tipo Angelical: Arfaolg
Número de buenos ministros: 6236
Lugar de la Tierra: Céltica
Nombre Divino: Abaiond
Tribu: Benjamín
Cuarto de la Tierra: Norte N-E
Tipo Angelical: Cadaamp
Número de buenos ministros: 6732

Lugar de la Tierra: Vinsan
Nombre Divino: Omagrap
Tribu: Zabulón
Cuarto de la Tierra: Oeste S-O
Tipo Angelical: Zinggen
Número de buenos ministros: 2388

Aire Número 20, Gobernado por CHR
Lugar de la Tierra: Tolpan
Nombre Divino: Zildron
Tribu: Aser
Cuarto de la Tierra: Este S-E
Tipo Angelical: Gebabal
Número de buenos ministros: 3626
Lugar de la Tierra: Calcedonia
Nombre Divino: Parziba
Tribu: Judá
Cuarto de la Tierra: Oeste
Tipo Angelical: Hononol
Número de buenos ministros: 7629
Lugar de la Tierra: Italia
Nombre Divino: Totocan
Tribu: Isacar
Cuarto de la Tierra: Oeste N-O
Tipo Angelical: Alpudus
Número de buenos ministros: 3634

Aire Número 21, Gobernado por ASP
Lugar de la Tierra: Bretaña
Nombre Divino: Chirspa
Tribu: Efraín
Cuarto de la Tierra: Norte N-O
Tipo Angelical: Arfaolg
Número de buenos ministros: 5536

Lugar de la Tierra: Fénices
Nombre Divino: Toantom
Tribu: Benjamín
Cuarto de la Tierra: Norte N-E
Tipo Angelical: Cedaamp
Número de buenos ministros: 5635
Lugar de la Tierra: Comaginen
Nombre Divino: Vixpalg
Tribu: Simeón
Cuarto de la Tierra: Sur S-O
Tipo Angelical: Zurchol
Número de buenos ministros: 5658

Aire Número 22, Gobernado por LIN

Lugar de la Tierra: Apulia
Nombre Divino: Ozidain
Tribu: Afraím
Cuarto de la Tierra: Norte N-O
Tipo Angelical: Arfaolg
Número de buenos ministros: 2232
Lugar de la Tierra: Marmarica
Nombre Divino: Paraoan
Tribu: Dan
Cuarto de la Tierra: Este
Tipo Angelical: Olpaged
Número de buenos ministros: 2326
Lugar de la Tierra: Concava Siria
Nombre Divino: Calzirg
Tribu: Efraín
Cuarto de la Tierra: Norte N-O
Tipo Angelical: Arfaolg
Número de buenos ministros: 2367

Aire Número 23, Gobernado por TOR
Lugar de la Tierra: Gebal
Nombre Divino: Ronoamb
Tribu: Manasés
Cuarto de la Tierra: Norte
Tipo Angelical: Zarnaah
Número de buenos ministros: 7320
Lugar de la Tierra: Elam
Nombre Divino: Onizimp
Tribu: Gad
Cuarto de la Tierra: Sur S-E
Tipo Angelical: Lavavot
Número de buenos ministros: 7262
Lugar de la Tierra: Idunia
Nombre Divino: Zaxanin
Tribu: Zabulón
Cuarto de la Tierra: Oeste S-O
Tipo Angelical: Zinggen
Número de buenos ministros: 7333

Aire Número 24, Gobernado por NIA
Lugar de la Tierra: Media
Nombre Divino: Orcanir
Tribu: Mannaseh
Cuarto de la Tierra: Norte
Tipo Angelical: Zarnaah
Número de buenos ministros: 8200
Lugar de la Tierra: Ariana
Nombre Divino: Chialps
Tribu: Gad
Cuarto de la Tierra: Sur S-E
Tipo Angelical: Lavavot
Número de buenos ministros: 8350

Lugar de la Tierra: Caldea
Nombre Divino: Soageel
Tribu: Zabulón
Cuarto de la Tierra: Oeste S-O
Tipo Angelical: Zinggen
Número de buenos ministros: 8236

Aire Número 25, Gobernado por UTI
Lugar de la Tierra: Sericipopuli
Nombre Divino: Mirzind
Tribu: Manasés
Cuarto de la Tierra: Norte
Tipo Angelical: Zarnaah
Número de buenos ministros: 5632
Lugar de la Tierra: Persia
Nombre Divino: Obuaors
Tribu: Rubén
Cuarto de la Tierra: Sur
Tipo Angelical: Ziracah
Número de buenos ministros: 6333
Lugar de la Tierra: Gólgota
Nombre Divino: Ranglam
Tribu: Efraín
Cuarto de la Tierra: Norte N-O
Tipo Angelical: Arfaolg
Número de buenos ministros: 9232

Aire Número 26, Gobernado por DES
Lugar de la Tierra: Gorsim
Nombre Divino: Pophand
Tribu: Efraín
Cuarto de la Tierra: Norte N-O
Tipo Angelical: Arfaolg
Número de buenos ministros: 9232

Lugar de la Tierra: Hispania
Nombre Divino: Nigrana
Tribu: Benjamín
Cuarto de la Tierra: Norte N-E
Tipo Angelical: Cadaamp
Número de buenos ministros: 3637
Lugar de la Tierra: Pamfilia
Nombre Divino: Bazchim
Tribu: Efraín
Cuarto de la Tierra: Norte N-O
Tipo Angelical: Arfaolg
Número de buenos ministros: 3637

Aire Número 27, Gobernado por ZAA
Lugar de la Tierra: Occidi
Nombre Divino: Saziami
Tribu: Rubén
Cuarto de la Tierra: Sur
Tipo Angelical: Ziracah
Número de buenos ministros: 7220
Lugar de la Tierra: Babilonia
Nombre Divino: Mathula
Tribu: Manasés
Cuarto de la Tierra: Norte
Tipo Angelical: Zarnash
Número de buenos ministros: 7560
Lugar de la Tierra: Media
Nombre Divino: Orpanib
Tribu: Aser
Cuarto de la Tierra: Este S-E
Tipo Angelical: Gebabal
Número de buenos ministros: 7263

Aire Número 28, Gobernado por BAG
Lugar de la Tierra: Idumea
Nombre Divino: Labnixp
Tribu: Gad
Cuarto de la Tierra: Sur S-O
Tipo Angelical: Lavavot
Número de buenos ministros: 2630
Lugar de la Tierra: Arabia Felix
Nombre Divino: Cocisni
Tribu: Neftalí
Cuarto de la Tierra: Este N-E
Tipo Angelical: Zarzilg
Número de buenos ministros: 7236
Lugar de la Tierra: Metfonitidim
Nombre Divino: Oxlopar
Tribu: Simeón
Cuarto de la Tierra: Sur S-O
Tipo Angelical: Zurchol
Número de buenos ministros: 8200

Aire Número 29, Gobernado por RII
Lugar de la Tierra: Asiria
Nombre Divino: Vastrim
Tribu: Judá
Cuarto de la Tierra: Oeste
Tipo Angelical: Honolol
Número de buenos ministros: 9632
Lugar de la Tierra: África
Nombre Divino: Odraxti
Tribu: Manasés
Cuarto de la Tierra: Norte
Tipo Angelical: Zaenaah
Número de buenos ministros: 4236

Lugar de la Tierra: Bactriani
Nombre Divino: Comziam
Tribu: Efraín
Cuarto de la Tierra: Norte N-O
Tipo Angelical: Arfaolg
Número de buenos ministros: 7635

Aire Número 30, Gobernado por TEX

Lugar de la Tierra: Frigia
Nombre Divino: Gemnimb
Tribu: Manasés
Cuarto de la Tierra: Norte
Tipo Angelical: Zarnaah
Número de buenos ministros: 9636

Lugar de la Tierra: Creta
Nombre Divino: Advorpt
Tribu: Judá
Cuarto de la Tierra: Oeste
Tipo Angelical: Honolol
Número de buenos ministros: 7632

Lugar de la Tierra: Mauritania
Nombre Divino: Dozinal
Tribu: Simeón
Cuarto de la Tierra: Sur S-O
Tipo Angelical: Zurchol
Número de buenos ministros: 5632

Para ser claros, estos lugares no son lo mismo que los "gobernadores de los Aethyrs". No se refiere a ningún ser espiritual específico, sino al lugar del mundo de la magia enoquiana, que tiene sus propias cualidades. Además, los Lugares no gobiernan el Aethyr, ya que son solo porciones de este último. Puede pensar en la conexión entre los dos como la relación entre los signos del zodiaco y los decanatos, que son solo una sección de los signos. Además, la Voz del Lugar no se considera un Lugar en sí mismo, sino como un ministro sin nombre que habita dentro. Los siguientes son los signos del zodiaco, sus reyes y sus respectivas tribus:

Aries: Rey Alpudus, Isacar
Tauro: Rey Honolol, Judá
Géminis: Rey Zarzilg, Neftalí
Cáncer: Rey Gebabal, Aser
Leo: Rey Olpaged, Dan
Virgo: Rey Cadaamp, Benjamín
Libra: Rey Zarnaah, Manasés
Escorpio: Rey Arfaolg, Efraín
Capricornio: Rey Zurchol, Simeón
Acuario: Rey Ziracah, Rubén
Piscis: Rey Zinggen, Zabulón

La idea detrás de este sistema se basa en la disposición de las tribus, como se muestra en el capítulo 2 del libro de Números, junto con el dibujo de Dee. Hay varios sistemas que puede obtener utilizando estas fuentes. Algunas visiones se alinean con sus atributos correspondientes, mientras que otras solo lo tienen en cuenta mínimamente y otras están completamente desincronizadas con él. Tenga en cuenta que los 12 signos del zodiaco están gobernados por los mismos ángeles a cargo de los Aires. Claramente, los ángeles pueden ignorar los rasgos cuando lo consideren conveniente.

Las Atalayas

La Gran Mesa tiene cuatro más pequeñas que representan los cuatro elementos clásicos y las cuatro direcciones. Cada una es una Atalaya que tiene un Gran Rey. Ancianos, ángeles y demonios también acompañan a este Rey. Las cuatro Atalayas protegen el mundo material y lo mantienen, asegurándose de que funcione como debería. Están conectados por el 5º Elemento, representado por la Cruz Negra.

Cada Atalaya tiene 13 filas y 12 columnas de letras, con un total de 156 letras cada una. Algunas están en minúsculas, mientras que el resto están en mayúsculas, y dos letras en cada Atalaya están al revés. Cada uno se divide a su vez en cuatro cuadrantes por otra cruz formada por las columnas 6 y 7 y la fila 7. Estos cuadrantes constan de 6 filas y 5 columnas.

Encontrará una cruz creada por la segunda fila y la tercera columna del cuadrante en cuestión en cada cuadrante. La Cruz Negra solo lleva cuatro nombres, pero la parte inferior e izquierda de la cruz reflejan los nombres. Los ángeles le habían dicho a Dee que escribiera las letras de la Gran Mesa en inglés, no en la lengua celestial. Esto es importante, ya que la escritura angelical no tiene letras mayúsculas ni minúsculas. Dee y Kelley crearon la cuadrícula y rotularon los cientos de cuadrados, escribiendo las mayúsculas en lugares un tanto aleatorios. No hay una razón discernible por la que haya ocho letras escritas al revés, y los ángeles no darían una respuesta para esa elección. No fue sino hasta muchos años después de que terminaron las sesiones y Kelley se mudó que Dee finalmente lo descubrió.

Las mayúsculas eran las letras iniciales de los nombres de los Gobernadores. Estos nombres forman las letras de la Gran Mesa, cada una dispuesta para que coincida con la forma de su sello, como las piezas de un rompecabezas. Entonces, las Atalayas sirven como un espejo de los Cielos arriba, que consisten en 22 Gobernadores. Las letras invertidas son otra cosa. Hay una L que da la vuelta a la Cruz Negra de la Atalaya, creando el nombre de un Gobernador. Esto deja a la palabra PARAON curiosamente desaparecida. Naturalmente, Dee preguntó sobre esto, y los ángeles advirtieron que cada letra era fuego vivo. También dijeron que la N final era muy destructiva.

Lo importante de las 91 partes de la tierra y los 30 Aethyrs es que demuestra la conexión divina entre todos los niveles de conciencia. Como tal, la Gran Mesa muestra cómo están conectadas todas las cosas en el cielo y la tierra.

Conclusión

Debe parecer bastante obvio que hay tanta profundidad en el arte místico de la magia enoquiana. Esta es una forma de magia muy potente que puede utilizar si, como John Dee, desea conectarse con los ángeles y aprender los secretos del universo.

Muchos desacreditarían la sabiduría y la maravilla de la magia enoquiana, ya sea señalando el turbio pasado de Kelley o simplemente decidiendo que Dee era una mente brillante que incursionó en cosas que no debería haber hecho y luego se fue al fondo. Este absolutamente no es el caso. El estudio adicional de la magia enoquiana le mostrará que lo que ha aprendido hasta ahora ha sido nada menos que el trabajo de la divinidad misma.

Para aprovechar esta forma de magia, el mago primero debe comprender que la magia no funcionará a menos y hasta que acepte que es válida y que el poder reside dentro de ellos. Siendo incluso más potente que cualquier otra forma de magia, la magia enoquiana le dará las herramientas para conectarse con lo divino y luego preguntar a seres infinitos y sabios cómo puede mejorar su vida o acercarse a cumplir su propósito en la vida. ¿Qué podría ser mejor que recibir un consejo divino, directo, y directamente de los labios de los ángeles?

El problema con la religión y la sociedad es que todos buscan respuestas, pero hacen todas las preguntas equivocadas y buscan respuestas en los lugares equivocados. Buscar cosas en Internet solo puede llevarlo hasta cierto punto. Buscar respuestas a las preguntas difíciles de la vida de los "gurús espirituales" solo puede satisfacerlo hasta cierto punto. ¡Obtener estas respuestas de aquellos que conocen al ser que lo creó *es donde está*!

En conclusión, su viaje solo ha comenzado. Vea lo que el gran Aleister Crowley tiene que decir sobre esta maravillosa forma de magia. Si practica esta forma de magia en serio, entonces no puede limitarse a leer. Debe actuar sobre lo que ahora sabe, y mejor aún, estudiar otra literatura sobre el tema. Lee las obras de Dee y Kelley. A medida que aprenda y practique, llegará a saber cosas que ningún libro, ningún gurú, ni ninguna guía podría jamás enseñarle. Todo lo que tiene que hacer es ser proactivo para profundizar su práctica, y con ello, desarrollará una vida más rica, más plena y más satisfactoria. Depende de usted determinar qué tan profundo en la madriguera del conejo quiere ir.

Vea más libros escritos por Mari Silva

Su regalo gratuito

¡Gracias por descargar este libro! Si desea aprender más acerca de varios temas de espiritualidad, entonces únase a la comunidad de Mari Silva y obtenga el MP3 de meditación guiada para despertar su tercer ojo. Este MP3 de meditación guiada está diseñado para abrir y fortalecer el tercer ojo para que pueda experimentar un estado superior de conciencia.

https://livetolearn.lpages.co/mari-silva-third-eye-meditation-mp3-spanish/

¡O escanee el código QR!

Referencias

"8 aguas mágicas: Cómo hacer y usar el agua lunar, el agua solar y más". Oráculo del otro mundo, 5 de mayo de 2019, https://otherworldlyoracle.com/magical-waters

10 Peligros de la proyección astral explicados: Usted necesita saber esto | AstralHQ.com. https://astralhq.com/astral-travel-dangers

Amuletos y talismanes: Cómo encantar joyas para la protección, el amor, etc.". Otherworldly Oracle, 10 de julio de 2019, otherworldlyoracle.com/amulets-talismanes-enchant-jewelry

"Arcángeles ¿Quiénes son los 17 arcángeles y cuál es su significado?". Signos de Numerología, 4 de mayo de 2020, https://numerologysigns.com/archangels/archangels-guide

Chabad.org. "¿Qué es la cábala? Una introducción básica a la Cábala". @Chabad, 2 de septiembre de 2004

Magia Elemental: Hechizos y Rituales de Fuego.

"Elementales: ¿Qué es un Elemental? Y los Guardianes de las Atalayas". Oráculo del otro mundo, 1 de diciembre de 2020, https://otherworldlyoracle.com/elementals-guardians-of-the-watchtowers

"¿Se siente sin conexión a la tierra? He aquí cómo sanar su elemento tierra". YogiApprovedTM, 3 abr. 2020, www.yogiapproved.com/om/earth-element-healing

Frater Samech. "Magia Salomónica. La Llave del Rey Salomón. Los Santos Pentáculos". Solomonicmagick.com, 2021

"Cómo hacer un círculo mágico en 6 sencillos pasos". Tess Whitehurst, 19 de mayo de 2016, https://tesswhitehurst.com/how-to-cast-a-magical-circle-6-simple-steps

Cómo consagrar una herramienta de brujería. Black Witch Coven. 13 de diciembre de 2020, http://blackwitchcoven.com/how-to-learn-black-magick/beginner-black-magick/consecration/how-to-consecrate-a-witchcraft-tool

Kyteler, Emma. Magia del elemento aire: Magia elemental para principiantes. https://eclecticwitchcraft.com/air-element

"Ritual de destierro menor del pentagrama". Llewellyn.com, 2019, www.llewellyn.com/encyclopedia/article/5139

"Ritual menor del hexagrama (LRH)". Tryskelion.com https://tryskelion.com/mag_mag_lesser_ritual_hexagram.html

LMT, Shanti Dechen, CCAP, CAI. "Aterrizar y centrar su elemento tierra". Learn-Aroma, 8 de septiembre de 2020, http://www.learnaroma.com/single-post/2017/09/14/Grounding-and-Centering-Your-Earth-Element

¡"Manifieste lo que quiera del universo con magia planetaria! | Alma y Espíritu". Www.soulandspiritmagazine.com

Magia planetaria con Saturno. Aquelarre de brujas negras. 20 de julio de 2019.

Polifanes. "Ritual de propiciación de Saturno". The Digital Ambler, 23 dic. 2017, https://digitalambler.com/2017/12/23/propitiation-ritual-of-saturn

"Fundamentos de la magia de protección". Patti Wigington, 1 de junio de 2021.

"Ataques psíquicos: 7 signos y síntomas a tener en cuenta". Www.psychics4today.com,

Skaravaios, Frater. "Ritual del Pilar Medio". En el Eón, 22 de agosto de 2020, https://intotheaeon.com/middle-pillar-ritual

"Los Elementales del Fuego. ¡Autocuración con las salamandras!". Calista Ascension, 4 feb. 2012, www.calistaascension.com/fire-elementals-self-healing-salamanders

"El símbolo del pentagrama y cómo usarlo en su vida diaria". El camino de la brujería, 29 de mayo de 2020, https://welldivined.com/the-pentagram-symbol-and-how-to-use-it

"El Ritual de la rosa cruz. Documento de la Aurora Dorada". Hermetics.org, http://hermetics.org/Rose-Cross.html

Herramientas en la Magia Ceremonial. Black Witch Coven. 10 de febrero de 2020.

"¿Qué es la Magia Planetaria?". Arnemancia, 27 de julio de 2020.

Bucur, Bogdan G. "The Other Clement of Alexandria: Cosmic Hierarchy and Interiorized Apocalypticism". Vigiliae Christianae 60.3 (2006)

Crowley, Aleister. The Vision and the Voice. Dallas, Tex.: Sangreal Foundation, 1972.

LaVey, Anton S. The Satanic Bible. New York: Avon, 1969.

Michael Knibb, The Ethiopic Book of Enoch: A New Edition in the Light of the Aramaic Dead Sea Fragment (New York: Oxford University Press, 1979).

Regardie, Israel. Enochian Dictionary. Dallas, Tex.: Sangreal Foundation, 1971.

Schueler, Gerald J. An Advanced Guide to Enochian Magic: A Complete Manual for Angelic Magic. St. Paul, Minn.: Llewellyn Publications, 1987.

Turner, Robert. Elizabethan Magic. Londmead, Dorset, England: Element Books, 1989.

Zalewski, Patrick J. Golden Dawn Enochian Magic. St. Paul, Minn.: Llewellyn Publications, 1990

Reed, Annette Yoshiko. "From Asael and Šemiazah to Uzzah, Azzah, and Azael: 3 Enoch 5 (§§ 7-8) and Jewish Reception-History of 1 Enoch". Jewish Studies Quarterly 8.2 (2001): 105-36. Print.

Suter, David. "Fallen Angel, Fallen Priest: The Problem of Family Purity in 1 Enoch 6 and 20:14;16". Hebrew Union College Annual 50 (1979): 115-35. Print.

M. Casaubon, A True and Faithful Relation of what passed for many years between Dr. John Dee ... and some spirits (London, 1659).

N. Clulee, John Dee's Natural Philosophy: Between Science and Religion (London, 1988)

D. Harkness, John Dee's Conversations with Angels: Cabala, Alchemy, and the End of Nature (Cambridge, 1999)

W.H. Sherman, John Dee: The Politics of Reading and Writing in the Renaissance (Amherst and Boston, MA, 1995)

G. Szonyi, John Dee's Occultism: Magical Exaltation through Powerful Signs (Albany, NY, 2004)

www.ingramcontent.com/pod-product-compliance
Lightning Source LLC
Chambersburg PA
CBHW072156200426
43209CB00052B/1282